LA

CONSTITUTION DE L'ÊTRE

SUIVANT

LA DOCTRINE PÉRIPATÉTICIENNE

PAR

E. DOMET DE VORGES.

Extrait *des Annales de Philosophie chrétienne*

PARIS

AU BUREAU DES *ANNALES DE PHILOSOPHIE CHRÉTIENNE*

20, RUE DE LA CHAISE, 20

1886

LA
CONSTITUTION DE L'ÊTRE
SUIVANT LA DOCTRINE PÉRIPATÉTICIENNE

OUVRAGES DU MÊME AUTEUR :

La Métaphysique en présence des sciences.
1 vol. in-12. . . . . 2 fr. 50

Essai de Métaphysique positive.
1 vol. in-12.   .   .   . . 3 fr. 50

A la *Librairie Académique* Didier et Cie, (Perrin, successeur), 35, quai des Augustins, PARIS.

LA
CONSTITUTION DE L'ÊTRE

SUIVANT

LA DOCTRINE PÉRIPATÉTICIENNE

PAR

E. DOMET DE VORGES.

Extrait *des Annales de Philosophie chrétienne*

PARIS

AU BUREAU DES *ANNALES DE PHILOSOPHIE CHRÉTIENNE*

20, RUE DE LA CHAISE, 20

1886

AVANT-PROPOS

Cette étude est la rédaction de quelques conférences que j'ai faites à l'Institut catholique de Paris, dans les mois de janvier et février 1886. L'éminent recteur, Mgr d'Hulst, ayant invité plusieurs membres de la Société de Saint-Thomas d'Aquin à essayer des cours libres de philosophie scolastique, j'ai pris pour ma part l'examen des questions de métaphysique dont je m'étais particulièrement occupé dans les derniers temps. M'adressant à un auditoire déjà familier avec les éléments de la philosophie, je n'ai pas craint d'aborder des sujets un peu difficiles peut-être, mais très utiles à l'intelligence de la doctrine de saint Thomas.

Cette doctrine repose en effet sur l'analyse des notions premières, comme la physique rationnelle repose sur les mathématiques. Tant qu'on ne s'est pas rendu compte de ce procédé et de ses principaux résultats, il est presque impossible de saisir le sens des théories scolastiques.

La philosophie thomiste est vraiment scientifique et veut être étudiée méthodiquement. Quand on se borne à une lecture superficielle des docteurs pour découvrir quelques aperçus heureux sur Dieu ou sur l'âme, on s'expose aux plus étranges méprises, que n'ont pas évitées les meilleurs esprits des temps modernes, tels que Reid et Cousin. Nous avons donc cru travailler utilement à la propagation des enseignements de saint Thomas d'Aquin en réunissant ici un certain nombre de données qui sont comme la clef de son système, et que l'on ne trouve que dispersées dans les ouvrages de l'Ecole.

E. DOMET DE VORGES.

TABLE DES MATIÈRES

	Pages.
De la Méthode en Métaphysique	1
De l'Origine des notions métaphysiques	17
Des Distinctions	38
De l'Acte et de la Puissance	56
De l'Existence et de l'Essence	69
De la Matière et de la Forme	87
De la Substance et des Accidents	107
Conclusion	126

LA CONSTITUTION DE L'ÊTRE

SUIVANT LA DOCTRINE PÉRIPATÉTICIENNE

CHAPITRE Ier

DE LA MÉTHODE EN MÉTAPHYSIQUE

Il y a 640 ans qu'Alexandre de Halès enseignait le premier à Paris la philosophie suivant la méthode d'Aristote. Les diverses fortunes de la métaphysique, depuis cette époque, sont assez connues de tous. Après trois siècles de grand éclat, elle s'est vue chassée peu à peu de cette ancienne Sorbonne que tant de maîtres avaient illustrée. La science française et laïque, qui a succédé à la science ecclésiastique et latine du moyen âge, l'a dédaignée (1). A peine l'étudiait-on encore dans quelques séminaires et dans quelques ordres religieux, quand les Souverains Pontifes ont donné le signal du réveil. De grands efforts se font aujourd'hui pour relever la métaphysique et renouer la tradition interrompue. Nous voudrions y contribuer dans la mesure de nos forces. C'est pourquoi nous avons entrepris ce travail, où nous avons essayé d'exposer en français les théories par lesquelles les grands scolastiques formulaient leurs vues profondes sur la constitution la plus intime des êtres.

(1) Nous devons noter cependant, dans les dernières années, quelques travaux sur Aristote émanés de membres de l'Institut ou de l'Université. La *Métaphysique* d'Aristote a été étudiée par M. Ravaisson. Les ouvrages du grand philosophe ont été traduits par M. Barthélemy-Saint-Hilaire. Une traduction de la *Métaphysique* est due également à M. Pierron.

Il n'y a pas à se le dissimuler, le monde moderne n'aime pas la métaphysique. Il a perdu absolument l'habitude de considérer les êtres dans leur nature essentielle. On n'étudie plus que des phénomènes dans ce qu'ils ont de plus phénoménal. Cependant, à bien juger les choses, la métaphysique nous est plus que jamais indispensable. Pas n'est besoin de jeter un regard très profond sur notre état intellectuel et social pour remarquer l'étrange confusion d'idées qui règne partout. On n'ose plus raisonner; la plupart des principes communément admis étant faux ou inexacts, le plus logicien est celui qui s'égare davantage. C'est un état d'esprit dangereux, qui facilite l'erreur et affaiblit toute résistance. La métaphysique en est le remède propre. Elle nous apprend à bien sonder et à bien délimiter nos idées. Comme le remarque très à propos Suarez (1), elle nous enseigne ce qu'est la substance, ce qu'est la cause, ce qu'est l'action, etc. Tous les principes sont composés de ces idées primitives. Quand on les a bien conçues, les principes eux-mêmes apparaissent clairement, et on a de plus contracté l'habitude inappréciable d'examiner toute chose à fond et de ne point se contenter facilement d'aperçus superficiels.

Mais pour que la métaphysique reprenne son influence, il faut de toute nécessité qu'elle parle français. Personne ne sait plus le latin dans le monde laïque. On compte ceux qui, au sortir du collège, ont conservé l'habitude de le lire. D'hommes qui soient en état de le parler ou de l'entendre, on n'en rencontre presque aucun. Il y a là une grande difficulté, je l'avoue, celle de traduire. Quand un homme de génie a incarné sa pensée dans une expression heureuse, il est bien difficile de la rendre par une autre ayant une portée et une précision égales. En outre, le disciple habitué à une formule y attache par habitude une certaine valeur plus ou moins instinctive, qu'il retrouve rarement dans la traduction la mieux faite. Nous pouvons donc prévoir que nos formules françaises ne

(1) *Disp. metaph.*, d. I.

satisferont pas complètement ceux qui sont pliés à l'usage des formules latines. Nous avons voulu néanmoins essayer. Traduire ces formules est aujourd'hui le seul moyen pratique de les faire pénétrer dans le monde laïque. Cette nécessité est si bien sentie, que des efforts dans ce sens sont faits de divers côtés. M. le chanoine Mercier enseigne à Louvain la philosophie thomiste en français. Le R. P. de Régnon vient de publier en français une belle étude sur la métaphysique des causes. En essayant donc de faire comprendre au public français la manière dont les scolastiques analysaient cette chose si simple et si familière que nous appelons un être, nous entrons dans une voie déjà ouverte et, dans notre conviction, nous employons le moyen le plus propre à réaliser les désirs si vivement exprimés du haut de la Chaire apostolique.

Si d'ailleurs il y a difficulté à la traduction, il y a aussi certains avantages. Pour traduire, il faut interpréter ; pour interpréter, il faut comprendre, il faut aller au fond des formules. Le latin en impose ; en répétant la formule latine, on a l'air de savoir ce que parfois on ne comprend pas très bien. La mettre en français, c'est en même temps la contrôler ; c'est s'assimiler l'idée qu'elle contient. Ne croyez pas que le français soit défavorable à la métaphysique. Le latin a sans doute certaines expressions d'une précision énergique. Mais c'est une langue surtout oratoire, qui n'est pas très propre à expliquer clairement et exactement les nuances. Jamais la métaphysique péripatéticienne n'eût été créée par des philosophes latins. Le français a, au contraire, des qualités supérieures en tant que langue scientifique ; il a, comme le grec, des ressources spéciales pour préciser certaines notions délicates. En voulez-vous un exemple? je le prendrai dans cette formule bien connue : *Accidens est ens.* En français, vous pouvez lui donner trois sens : l'accident est l'être, l'accident est un être, l'accident est de l'être. On a disputé à perte de vue dans la scolastique pour savoir si l'accident était vraiment un être, une enlité, ou s'il n'était que de l'être, quelque chose de réel n'ayant pas toutefois d'existence propre. Si les maîtres de la scolastique eussent formulé leur doctrine en français, bien des incertitudes eussent été évitées.

Ce que nous voulons essayer ici, ce n'est ni une psychologie, ni une cosmologie, ni une théodicée. Ces sciences sont souvent réunies de nos jours sous l'appellation vague de métaphysique. Quant à nous, nous donnons à ce nom un sens plus précis : celui que lui attribuaient les premiers disciples d'Aristote, quand ils désignaient par ce titre la science de l'Être même sous les phénomènes extérieurs qu'il manifeste : c'est ce qu'on appelle dans les séminaires *ontologie*. Nous aimons mieux revenir au mot *métaphysique*, parce que le mot ontologie est un peu vague, et qu'il a été pris quelquefois dans un sens idéaliste que nous tenons à exclure. C'est ainsi qu'un savant prélat a dit : ontologie, pour l'étude de l'idée de l'être. Le nom de métaphysique indique au contraire fort bien qu'il s'agit d'étudier cette réalité qui se cache sous les phénomènes physiques, ce que nous appelons l'être de la chose. En quoi consiste un être ? quelles sont les conditions générales de son existence ? voilà l'objet précis de la métaphysique. Cette étude peut paraître aride, quand on se borne à donner des formules sèches et des raisonnements abstraits. En réalité, elle est concrète et vivante ; mais il faut l'aborder avec des vues d'ensemble, comme avait fait Aristote.

Celui-ci avait mis dans sa métaphysique une idée fondamentale, qui en est comme l'âme : l'idée du mouvement de toutes choses vers leur fin. Cette idée est dissimulée le plus souvent sous un appareil d'analyses abstraites ; pour qui sait regarder derrière ces formules, rien n'est vivant comme la philosophie d'Aristote. On a dit que l'*Iliade* est pleine du bruit des batailles, de même la doctrine du Stagirite est pleine de vie, pleine du sentiment de la réalité. Aristote conçoit le monde comme une évolution progressive vers la perfection suprême. Il a inventé l'évolution bien avant Darwin et le devenir bien avant Hégel. Mais son évolution n'est pas l'évolution contradictoire des darwinistes, qui n'a ni point de départ ni point d'arrivée, puisqu'elle part du néant pour aboutir au progrès indéfini ; ce n'est pas ce devenir de Hégel qui n'est qu'une synthèse impossible entre l'être et le néant: c'est un mouvement régulier qui s'appuie sur un moteur immobile. Dieu, du haut de l'éternité, l'appelle et le dirige. Aussi voyez comme l'être s'élance de la matière à la vie, de la vie à la sensibilité, de la sensibilité à l'intelligence, de l'intelligence à Dieu. Certes, une telle philosophie n'est pas morte, et celui qui l'a conçue ne saurait être confondu avec des professeurs de logique abstraite (1).

Mais, dira-t-on, pourquoi revenir à Aristote et aux scolastiques? N'a-t-on pas fait des progrès depuis eux? Ils avaient peu expérimenté, et ils se sont trompés sur bien des choses ; ne vaudrait-il pas mieux puiser à des sources plus modernes? Descartes, Leibnitz, Reid, Maine de Biran et même Kant ne donneront-ils pas une science plus en rapport avec les découvertes récentes et plus facilement appropriable à l'intelligence contemporaine?

Pour la métaphysique, telle que nous l'entendons ici, notre réponse est facile. Nous ne prendrons pas cette science chez les modernes, parce qu'elle n'y existe pas. On a cessé depuis longtemps de se placer au point de vue adopté par Aristote. Descartes, Spinosa, Leibnitz, et tant d'autres partisans d'une philosophie dogmatique, ont-ils jamais étudié scientifiquement et pour elles-mêmes ces conditions générales de l'être qui sont l'objet propre de la métaphysique? Non, ils les ont supposées assez connues, et ils ont passé de suite aux applications en théodicée et en psychologie? Quant aux autres, tels que Kant, Hamilton, Hégel, Herbert Spencer, ils ont nié

---

(1) La *Métaphysique* d'Aristote n'a été publiée que deux cent cinquante ans après sa mort par Andronicus de Rhodes. On doit la regarder comme un recueil de notes que le maître se réservait de développer de vive voix. De là cette accumulation de formules sèches et quelquefois obscures. Cette obscurité a fourni matière à l'industrie des commentateurs. Le plus célèbre dans l'antiquité fut Alexandre d'Aphrodise, qui vivait du temps de Marc-Aurèle.

l'objectivité même de ces conditions; ils ne pouvaient donc les étudier à leur véritable point de vue. Aristote seul a su remarquer que ces conditions sont objectivement connues, que l'intelligence les perçoit vraiment, mais qu'elle s'en fait néanmoins une notion un peu confuse. Son génie lui a montré que cette confusion est le principe de la plupart des incertitudes et des erreurs des philosophes. Il en a donc fait une science à part, que l'on doit étudier avant d'approfondir les autres sciences philosophiques, comme on doit étudier le calcul intégral avant d'approfondir la physique. Les modernes, au contraire, se sont presque toujours bornés à des définitions hâtives, données en passant et pour les besoins du moment, faites par conséquent sans maturité et en vue de quelque nécessité transitoire.

On ne peut donc prendre la métaphysique que chez Aristote : c'est là seulement qu'on la trouve. Si elle n'a pas fait de progrès depuis trois cents ans, c'est qu'on s'en est peu occupé, et c'est aussi une raison pour en reprendre l'étude et adapter cette science aux tendances de l'esprit moderne.

D'ailleurs le progrès ne s'entend pas dans les sciences rationnelles comme dans les sciences expérimentales. Dans celles-ci on trouve chaque jour des faits nouveaux, et ces faits changent parfois complètement les théories anciennes. Ainsi l'introduction de la notion d'inertie a transformé la mécanique ; la découverte des phénomènes d'interférence a modifié profondément nos idées sur le mode de propagation de la lumière. Il en résulte que les ouvrages scientifiques des anciens deviennent promptement inutiles pour qui ne cherche point à faire l'histoire de la science.

Dans les sciences rationnelles, il en est autrement. Les faits sur lesquels elles s'appuient sont peu nombreux, fort simples et facilement observables. Les notions fondamentales sont bien vite en ordre, quand un homme de génie y a passé. Ses successeurs n'ont plus guère qu'à rechercher de nouvelles conséquences. Voyez la géométrie : on y a certainement fait de grands progrès, surtout depuis Descartes ; cependant les théorèmes d'Euclide restent toujours la base de l'enseignement. En vain notre siècle, qui remue tout, a-t-il imaginé certains espaces elliptiques ou hyperboliques, où les données d'Euclide ne seraient plus applicables. En fait, il n'y a d'utile et de sérieux que l'espace à trois dimensions où nous vivons, et la géométrie d'Euclide qui s'y applique.

Il en est de même en métaphysique. Nous pourrons sans doute, par une étude plus complète et une plus grande expérience des choses, arriver à mieux préciser certaines notions ou y rattacher de nouvelles conséquences, mais nous ne pourrons changer les bases de la science. Aristote a posé le problème métaphysique ; il restera toujours ce qu'il l'a défini. On ne pourra se dispenser de prendre le même point de départ, si l'on ne veut faire tout autre chose. Or, ce problème qu'a posé Aristote est de première importance ; il est le couronnement de tous les problèmes physiques, puisqu'il nous montre, au fond de tous les faits physiques, l'essence intime qu'ils manifestent ; il est la base des problèmes philosophiques, parce qu'aucun de ces problèmes ne peut être bien résolu sans la connaissance, telle que nous pouvons l'acquérir, de la nature intime des êtres. Il est donc le lien du physique et du moral ; et on l'a bien vu par l'expérience, car depuis qu'on a cessé de faire de la métaphysique, les sciences physiques et les sciences morales ont pris une direction tellement divergente, qu'on est souvent tenté de se demander si ces deux ordres de vérités ne seraient pas intrinsèquement incompatibles.

Ce divorce entre les sciences physiques et les sciences morales est un immense danger. La science physique, forte de ses services incontestables, forte de ses calculs toujours vérifiés par l'expérience, prend en pitié les divisions et les incertitudes des moralistes et des philosophes. Beaucoup, au nom de cette science, prétendent fonder une morale plus sûre, qui ne serait au fond que la morale du matérialisme, de l'intérêt et du droit du plus fort. Il est donc grand temps de relever la science d'Aristote et de saint Thomas d'Aquin, cette science fondée sur le génie du plus grand observateur de l'antiquité et sur la sainteté du plus grand docteur chrétien. En étudiant avec eux la constitution de l'être, nous trouverons le fond intime où s'appuient à la fois le physique et le moral, la raison de leurs différences et le lien qui les unit. Les modernes ont commis à ce sujet une erreur regrettable. Ils croient l'être simple dans son essence, comme il l'est dans son existence. Aristote a montré qu'il est complexe, qu'on peut le décomposer par la pensée, y remarquer des conditions diverses, et que cette complexité mal définie engendre la plupart des théories fausses où s'égarent les philosophes. Nous allons tâcher d'étudier cette complexité, d'en faire ressortir la nature et les raisons profondes. Cette étude est d'autant plus indispensable aujourd'hui qu'on fait plus d'efforts pour restaurer la philosophie scolastique. Le vrai sens de cette philosophie n'est accessible qu'à ceux qui comprennent son langage, et ce langage dérive de ses théories métaphysiques. Si vous ne savez comment les scolastiques entendent la constitution d'un être, vous ne pourrez rien comprendre ni à leur psychologie ni à leur cosmologie. Beaucoup de parties de leur morale même vous échapperont. Vous serez exposé à ne voir qu'associations de termes inintelligibles ou contradictoires là précisément où leur doctrine est plus profonde et plus appropriée aux besoins de notre époque (1).

(1) Les personnes qui voudront se former une idée complète de la science métaphysique devront d'abord étudier la *Métaphysique* d'Aristote. Mais cet ouvrage est difficile à comprendre et beaucoup de notions ont été transformées par les scolastiques. Il faudra donc étudier les principaux auteurs du moyen âge, notamment Scot, Durand de Saint-Pourçain, Capréolus, Dominique Soto, et spécialement les deux *Sommes* de saint Thomas. Le *Commentaire de la Somme théologique* par Cajetan est un monument de premier ordre. Il faut également étudier avec soin les *Dissertations métaphysiques* de Suarez. Parmi les modernes, nous recommanderons particulièrement les *Cours de philosophie* de Goudin, du P. Liberatore et du cardinal Zigliara.

Quand on veut étudier une science, on doit tout d'abord se poser cette question : quelle est la méthode à employer ? Quelle est donc la méthode que comporte la science métaphysique ? Cette recherche est d'autant plus nécessaire que beaucoup de personnes ont sur ce point des idées inexactes. Beaucoup croient que le syllogisme est par excellence la méthode scolastique. Les auteurs du moyen âge l'ont employé souvent, surtout les auteurs de second ordre. On peut donc croire à première vue que leur science consiste tout entière dans une habile argumentation. Mais il suffit d'un peu de familiarité avec les écrits des grands scolastiques pour reconnaître que ce n'est là qu'un vêtement extérieur et nullement indispensable. Saint Thomas emploie assez rarement l'argument en forme. Sans doute le syllogisme est dans certains cas un bon instrument d'exposition et surtout de réfutation. Mais il n'est pas un moyen d'acquérir la science et d'y faire des découvertes. Il faut, au contraire, connaître d'avance la vérité proposée pour trouver l'argument qui la confirme.

Le syllogisme peut être un exercice très utile pour l'esprit ; en mettant les termes du raisonnement en présence l'un de l'autre, il permet de voir facilement s'ils sont pris dans toutes les propositions énoncées avec la même valeur. Il met en évidence le défaut de l'argument, si cet argument n'est pas correct. Mais le syllogisme donne à l'exposition une forme pesante, insupportable au lecteur français. Il allonge la discussion d'une manière démesurée, en obligeant celui qui veut arriver correctement au but à passer par une foule de distinctions et de nuances, qu'un sentiment juste, formé par l'habitude des sciences, peut suppléer le plus souvent avec assez de bonheur. L'emploi continuel du syllogisme porte d'ailleurs à attaquer les questions par le détail, à chercher l'argument embarrassant plutôt que la raison essentielle. Il n'a pas de vues d'ensemble ; il se perd volontiers dans les difficultés verbales, dont on a tant abusé dans la décadence de la scolastique et qui sont une des principales causes du discrédit où elle est tombée.

Le syllogisme n'est donc pas un instrument d'étude suffisant: il ne constitue pas une méthode. La vraie méthode en métaphysique, comme dans toutes les sciences, c'est l'analyse. Toutes les sciences emploient l'analyse, et c'est par l'analyse qu'elles découvrent les lois qui leur sont propres. L'observation, si nécessaire dans les sciences physiques, ne sert qu'à accumuler les faits qu'il faudra ensuite étudier. Qu'est-ce que l'expérimentation en physiologie, sinon une analyse, par laquelle on isole les diverses conditions d'un fait pour saisir la condition essentielle? Qu'est-ce que la décomposition des corps en chimie? qu'est-ce que la dissection en anatomie? Toujours des analyses. N'est-ce pas l'analyse spectrale en physique qui nous a fait découvrir la vraie nature de la lumière, et qui, mieux étudiée, nous a donné des signes auxquels nous reconnaissons jusque dans les astres la présence de certains corps élémentaires. Les théorèmes mathématiques eux-mêmes ne sont que des procédés d'analyse, par lesquels nous distinguons les diverses propriétés des nombres et des figures. Partout l'analyse est la condition du progrès. La raison en est évidente. L'homme vulgaire a toutes les facultés, il connaît donc les choses dans leur ensemble aussi bien que le savant. La seule supériorité de celui-ci, c'est d'en mieux saisir les détails et d'en mieux pénétrer la nature intime.

On a trop oublié ces vérités aujourd'hui, surtout dans les sciences, où l'analyse, ne pouvant se réaliser par des moyens matériels, ne fait pas un appel assez énergique à notre attention sensible, la seule dont un grand nombre d'hommes soient capables. La psychologie, par exemple, a été envahie depuis peu par la manie de l'observation. Il semble qu'elle ne consiste, aux yeux de certains esprits, qu'à accumuler des observations : observations sur les enfants, observations sur les aliénés, observations sur les hypnotiques, etc. etc. On a recueilli par là un certain nombre de faits curieux, mais en quoi a-t-on fait avancer la science? Quelle est la vérité sérieuse, inconnue jusqu'ici, que l'on a mise en relief par cette inquisition à outrance? C'est qu'il ne suffit pas de recueillir les faits, il faut les comprendre; et en réalité on comprend moins les faits psychologiques lorsqu'on les envisage chez d'autres dans leurs manifestations extérieures, que lorsqu'on les considère attentivement en soi-même à la lumière de sa propre conscience. Sans doute ces phénomènes variés, fruits d'une investigation patiente et habile, ne sont pas à dédaigner; ils peuvent aider à établir des points de vue secondaires. Mais, pour fixer les grandes lignes de la science, rien ne vaudra jamais l'étude de l'homme faite par lui-même en lui-même, quand elle est appuyée par une grande puissance de méditation et un esprit délicat d'analyse.

Plus encore que la psychologie, la métaphysique est toute analyse. L'observation ne lui apprend presque rien. Le fait dont elle s'occupe, tout le monde le connaît; c'est l'être. Qui ne sait ce que c'est qu'un être? Mais ce qu'on ne sait pas généralement, ce que la métaphysique seule peut apprendre, c'est de reconnaître les aspects divers que présente cet être, en considérer à part les diverses conditions et peser leurs conséquences.

Cela ne peut se faire que par l'analyse; et comme l'analyse métaphysique ne peut être réalisée matériellement, il n'y a qu'un moyen d'en conserver une trace, c'est la définition. La métaphysique est avant tout un ensemble de définitions; non toutefois de ces définitions superficielles ou logiques qui ne donnent que des caractères extérieurs pour permettre de reconnaître l'objet. La définition métaphysique est réaliste; elle doit indiquer les éléments réels de la chose, elle doit en exprimer la nature intime, de manière que les parties qu'elle indique soient réellement dans l'objet défini et concourent à constituer son essence.

C'est le propre, en effet, de la métaphysique de regarder

avant tout l'objet même, et non une certaine idée que nous pourrions en avoir dans l'esprit. Ce qu'elle étudie, ce n'est pas cette idée, c'est l'objet. C'est pour cela que l'analyse propre à la métaphysique doit être qualifiée d'objective. On ne peut, direz-vous, étudier l'objet qu'à l'aide de l'idée qui le représente, car on ne peut, en définitive, l'étudier qu'en tant que connu par cette idée même. Cela est vrai, et cependant il y a une manière de diriger son esprit de telle façon que nous envisagions plutôt l'idée que l'objet ou plutôt l'objet que l'idée, et les résultats obtenus ne sont pas les mêmes dans les deux cas.

On en peut trouver des exemples dans diverses sciences et notamment dans les mathématiques. Ainsi prenez cette formule bien connue de géométrie analytique :

$$Ax^2 + Bxy + Cy^2 + Dx + Ey + F = 0.$$

C'est une équation. Cette équation, matériellement considérée, ne vous donne que des nombres. Mais considérez-la comme représentant une courbe, reportez la valeur de chaque inconnue à la ligne qu'elle représente, aussitôt vous reconnaissez quelle est la courbe à construire, vous saisissez la valeur pratique des différentes solutions dont l'équation est susceptible, vous savez que faire des valeurs négatives, vous reconnaissez celles qui sont purement imaginaires. De même, en métaphysique, si vous ne considérez que l'idée dans l'idée, vous arriverez à bien des valeurs imaginaires, à bien des conclusions illusoires; vous n'en apprécierez la portée véritable et pratique qu'en vous mettant en face de l'objet.

Il y a trois manières de considérer un fait : ou par ses côtés sensibles, c'est l'observation physique ; ou par son idée, c'est l'étude logique; ou par son fond, par son caractère essentiel, c'est proprement le point de vue métaphysique. Le regard peut embrasser ces divers points de vue confusément, comme il arrive dans la première perception naturelle, ou il peut s'attacher spécialement à chacun d'eux pour s'en former une notion plus distincte. Ainsi, même dans l'ordre purement sensible, nous ne pouvons voir la figure d'un corps sans en voir la couleur, mais nous pouvons faire une attention particulière ou à la figure ou à la couleur.

Considérez par exemple une action. Au premier abord vous voyez une action individuelle envisagée dans son ensemble comme un fait brut. Mais vous pouvez faire une attention particulière aux circonstances extérieures de ce fait, celles qui vous signalent son individualité. Vous pouvez aussi remarquer l'idée d'action qu'elle éveille en vous et en examiner les propriétés. Enfin vous pouvez examiner cette action en elle-même, examiner ce qui la constitue intrinsèquement comme action : en un mot, son essence. Ce dernier point de vue est absolument inconnu aux modernes. Ils ne savent observer que l'extérieur des faits.

Aussi tout est difficile pour les contemporains quand il s'agit de résoudre exactement un problème profond. On ne trouve pas une solution à l'abri d'objections, parce qu'une telle solution n'existe que dans l'essence des choses et qu'on s'arrête à la superficie. Que d'efforts n'a-t-on pas faits, dans ces derniers temps, pour établir une distinction tranchée entre l'homme et l'animal? On a mis en avant bien des différences expérimentales: parole, religiosité, moralité, etc. Mais ces différences extérieures ont toujours des limites mal précisées. L'adversaire peut toujours trouver, en cherchant bien, quelque fait mixte, au moins en apparence, qui semble appartenir aux deux natures. Il faudrait rechercher quelle est la raison profonde de ces différences, quelle est la nature essentielle de la connaissance humaine, quelle est la nature essentielle de la sensation animale; mais personne ne s'en avise. Bien plus, si vous essayez de poser la question sur ce terrain, personne ne vous comprend et vous semblez parler la langue d'un autre âge.

Le premier soin de tout homme qui veut s'adonner sérieusement à la métaphysique scolastique doit donc être de changer cette disposition. Il doit en toute chose considérer l'essence; il doit toujours diriger vers l'essence l'axe de son regard intellectuel. Quand il rencontre une formule, il ne doit pas se contenter de l'apprendre; il doit immédiatement se tourner vers l'essence des choses et y chercher ce que la formule peut signifier. C'est un devoir non seulement pour le maître qui veut faire progresser la science, mais pour l'élève même qui ne veut qu'apprendre. Le maître ne doit servir qu'à indiquer l'objet; l'élève ne doit point croire sur parole, il doit voir par lui-même; autrement il pourra bien apprendre la formule, mais il n'aura pas la science.

Cette manière profonde d'envisager les choses offre de grandes ressources contre le matérialisme. Le matérialiste veut tout fonder sur les faits, et il a raison; toutes nos connaissances valables et objectives sont tirées des faits. Cependant les idéalistes ont parfaitement remarqué qu'il y a dans l'esprit des éléments supérieurs, des notions intellectuelles, des besoins moraux que les faits ne paraissent pas expliquer. Eh bien, allez plus loin avec la scolastique, pénétrez jusqu'à l'essence des choses, et vous ferez facilement la part des deux tendances. Vous verrez que nous ne connaissons directement que des faits, mais que dans ces faits même est compris l'élément intelligible qui explique nos facultés supérieures. C'est ce que ni matérialistes ni idéalistes n'ont su voir, parce qu'ils se tiennent toujours dans les superficies.

Toute la force de la scolastique est dans cette puissance par laquelle l'intelligence atteint le fond des choses, atteint ce qu'on peut appeler l'universel réel, *a parte rei*. On dit que l'universel n'existe pas hors de l'intelligence. On a raison, si l'on veut parler de l'universel logique. Cet universel-là, considéré comme actuellement applicable à plusieurs, *in prædicando*, n'existe pas au dehors; car tout ce qui existe est par là même individuel. Mais l'universel réel, *in essendo*, existe; c'est l'essence de la chose, apte à être en plusieurs, en tant qu'elle est distincte des conditions individuelles. Grâce à l'intelligence, nous pouvons la saisir sous ces conditions et l'envisager sans elles : « *Quod humanitas apprehendatur sine conditionibus individuantibus, quod est ipsum abstrahi, accidit humanitati secundum quod percipitur ab intellectu* (1) : » que l'essence *humanité* soit saisie en dehors des conditions individuelles, ce qui est proprement abstraire, cela arrive parce qu'elle est perçue par l'intellect. La supériorité de la scolastique, c'est d'user de cette puissance, c'est de savoir saisir l'intelligible, avec l'œil de l'intelligence pure, dégagé de tout alliage accidentel et de toute circonstance superficielle. Les modernes, déshabitués de ce procédé, ne voient d'abord dans nos conclusions qu'un matérialisme déguisé ou l'identification des contradictoires. Ils ne savent pas distinguer les éléments du fait, ils ne savent pas faire cette analyse que nous avons appelée objective. Ils sont donc surpris de nous voir affirmer, d'un fait qui leur paraît simple, des caractères qui à leurs yeux s'opposent. A ce point de vue, leur éducation est à refaire. Mais s'ils avaient le courage d'y donner quelque effort, s'ils arrivaient à joindre, à leur habileté d'observation, la profondeur de vue de ces docteurs méprisés parce qu'on ne les comprend plus, quelle puissance de développement scientifique et philosophique on pourrait espérer dans un avenir prochain !

Un prophète d'Israël vit un jour un champ plein d'ossements arides. L'esprit divin lui ordonna de prophétiser sur ces os, et il s'écria, sous le souffle de l'inspiration céleste : « Os arides, écoutez la voix du Seigneur ; « *Ossa arida, audite verbum Domini* (2). » Aussitôt l'esprit du Seigneur vint sur ces os, les corps se reformèrent et, se levant, parurent une grande armée.

Ainsi en est-il de la scolastique. Ceux qui n'en ont pas l'esprit n'y voient que des formules sèches, il leur semble que ce sont des mots que l'on réunit au hasard

---

(1) S. Th. *Sum. th.*, I, q. LXXXV, a. 2.
(2) *Ezéchiel*, XXXVIII.

pour les besoins d'une solution purement verbale. Que l'esprit souffle donc sur ces mots, que la puissance de l'analyse objective les vivifie, qu'ils s'illuminent à cette lumière d'origine divine qui nous montre l'essence des choses, et vous verrez toutes ces formules fécondées, vous verrez toutes ces solutions s'éclairer, et se former une grande et belle science.

CHAPITRE II

DE L'ORIGINE DES NOTIONS MÉTAPHYSIQUES

Nous avons vu dans le chapitre précédent que la méthode propre à la métaphysique consiste dans l'analyse objective. Nous avons vu que la supériorité de la scolastique dépend de ce procédé, démodé aujourd'hui, parce qu'on n'en est plus guère capable, par lequel l'esprit humain saisit dans le fait, indépendamment des circonstances extérieures, sa nature essentielle, analyse cette nature et en distingue les éléments constitutifs.

Mais ici se dresse une objection. Pouvons-nous connaître véritablement l'essence des choses? Pouvons-nous même connaître quelque chose d'objectif? car on a été jusqu'à nier cela. La solution de cette question s'impose tout d'abord; si elle n'était point résolue, c'est en vain que nous convierions l'esprit moderne à la recherche d'une essence qu'il se déclarerait incapable de saisir. Ce n'est pas proprement un problème de métaphysique, c'est un problème de psychologie. Mais nous sommes obligés de l'examiner, pour ne pas rester sous le coup d'une sorte de question préalable qu'on ne manquerait pas d'opposer à tous nos arguments.

Nous allons donc rechercher si nous pouvons avoir des connaissances vraiment objectives, et quelles connaissances nous pouvons considérer en toute sécurité comme dignes de ce nom.

Avant tout, il faut préciser le sens du mot *objectif*, car les diverses écoles l'emploient d'une manière très différente.

Pour les scolastiques, le mot objectif signifiait ce qui est l'objet de la pensée. Ils appelaient concept objectif l'objet même considéré en tant que connu. Ainsi j'ai l'idée d'un homme, d'un arbre, d'un cheval; c'est l'homme, l'arbre ou le cheval envisagé comme objet de connaissance qui est dit concept objectif. Cet objet peut très bien ne pas exister réellement, il suffit qu'il soit en idée. Si je pense à une montagne d'or, chose absolument étrangère à mon expérience, je n'en dirai pas moins que cette montagne d'or que j'imagine est pour moi un concept objectif. Le concept subjectif au contraire sera l'idée envisagée comme fait de l'intelligence. Ces deux ordres de concepts ont des propriétés très différentes. Le concept objectif, la chose considérée, sera matérielle ou immatérielle, bonne ou mauvaise, belle ou laide, réelle ou imaginaire. Le concept subjectif, la pensée, sera claire ou obscure, profonde ou superficielle, distincte ou confuse, etc.

Les modernes emploient ces mots tout autrement. Pour eux est objectif ce qui existe indépendamment du sujet connaissant, est subjectif ce qui fait partie à un titre quelconque de ce même sujet. Le subjectif, c'est le moi; l'objectif, c'est le non-moi. Si je parle d'une maison placée sous mes yeux, je dirai que j'en ai la connaissance objective; au contraire, la connaissance de la douleur que j'éprouve sera subjective, parce que cette douleur est en moi. On voit quelle différence il y a entre l'acception des scolastiques et l'acception moderne. Celle-ci suppose nécessairement l'existence réelle et extérieure de l'objet.

Mais n'y aurait-il pas un sens intermédiaire, une acception du mot *objectif* en rapport plus direct que l'acception moderne avec la théorie de la connaissance, et plus utile que l'acception scolastique à la question qui nous occupe actuellement? Oui, cette acception existe, elle a même été parfaitement définie par M. l'abbé Duquesnoy(1), dont nous ne partageons pas d'ailleurs toutes les idées. En ce sens est objectif ce qui existe indépendamment du fait d'être pensé. Ici nous n'appellerons plus objective une simple fiction, une entité imaginaire. Mais nous pourrons très bien appeler objective la douleur que nous éprouvons en nous, notre sensation même considérée par la conscience comme fait de sensation, et jusqu'à notre pensée, car elle existe, elle est un fait indépendant quant à sa réalité de cette circonstance que nous en avons conscience. Ce n'est pas parce que nous en avons conscience qu'elle existe, c'est au contraire parce qu'elle existe que nous en avons conscience. Cette considération est très importante. Car, après tout, que cherchons-nous? Nous cherchons si nous pouvons connaître quelque chose qui existe, qui soit réel. Il est donc utile de constater que notre pensée même, vis-à-vis de notre conscience, est un fait réel, et qu'ainsi loin, d'être isolés du réel et de l'être, nous le trouvons tout d'abord en nous-mêmes.

S'il y a trois sens au mot objectif, il semblerait utile de caractériser chacun d'eux par une appellation particulière. L'objectivité scolastique nous semble bien désignée par le terme d'objectivité logique, car elle n'indique que la relation intellectuelle du sujet à l'objet. L'objectivité moderne est appelée par M. le chanoine Mercier objectivité réelle : j'aimerais mieux la désigner par le terme d'objectivité extérieure parce qu'elle marque l'existence de l'objet comme extérieure au moi. Je réserverais le mot d'objectivité réelle pour le troisième sens, le sens intermédiaire, qui marque l'existence de l'objet pensé, où que soit réalisée cette existence.

Dans la question que nous avons posée, à savoir si nous avons des connaissances objectives, il est évident que l'acception scolastique ne nous serait d'aucune utilité. Nos adversaires ne contestent nullement que la pensée ait un objet ; ils contestent seulement l'existence

(1) *De la Perception des sens*, ch. I.

de cet objet en soi, indépendamment du fait d'être pensé. L'objectivité extérieure au sens moderne n'est pas rigoureusement nécessaire. Pour le but de la métaphysique, pour établir que nous connaissons des choses réelles et les lois essentielles de ces choses, il n'est pas absolument nécessaire que ces choses existent hors de nous ; il suffit qu'elles existent et ne soient pas de simples apparences. Nous nous attacherons donc avant tout à l'objectivité réelle. Nous montrerons que notre pensée a un objet réel, réel quand même nous ne le penserions pas, et que toutes les notions de la métaphysique sortent de la considération de cet objet.

Connaissons-nous donc des objets réels existant indépendamment du fait d'être pensés? Nous pourrions sur ce point nous en rapporter au sens commun, à notre conviction indestructible. L'humanité a toujours cru qu'elle connaissait quelque chose. Et de fait, comment aurions-nous l'idée de connaître quelque chose, de savoir qu'une chose est, si nous ne trouvions en nous quelque part le type de cette opération qui ne ressemble à aucune autre ? Ce serait à ceux qui prétendent que nous nous trompons à nous convaincre d'erreur, à prouver que nous ne connaissons rien qu'en idée, si cela peut s'appeler connaître. Il faudrait surtout qu'ils conformassent leur pratique à leur théorie. Nous pourrions dédaigner des objections auxquelles celui qui les fait cesse de croire dès qu'il s'agit de vivre et d'agir. Néanmoins nous examinerons deux difficultés assez subtiles faites par des auteurs contemporains, qui nous paraissent résumer, en les raffinant, les objections les plus spécieuses de la philosophie critique.

La première est de M. Herbert Spencer. Ce philosophe anglais prétend que nous ne connaissons rien d'absolu ou d'essentiel. D'après lui, nous ne connaîtrions les choses que par leurs différences. « Si un objet, dit-il, n'est pas assimilé à des objets déjà vus, il n'est pas connu(1); » et ailleurs : « La conscience implique un chan-

(1) *Premiers principes*, p. 85.

gement perpétuel. Pour qu'une impression mentale soit connue, il faut qu'elle le soit comme telle ou telle, comme semblable ou dissemblable à l'une des précédentes (1). » Il en conclut que la connaissance n'est que relative, qu'elle n'atteint que des relations, et qu'il n'y a rien par conséquent de connu en soi, dans sa réalité propre.

Je ne m'arrêterai pas à ce que cette théorie applique mal à propos à l'intelligence une circonstance qui n'existe que dans la sensation. Oui, on est généralement d'accord aujourd'hui que le fait de la sensation n'est suscité que par une différence d'état dans les organes, ce qui ne veut pas dire, remarquez-le bien, que la sensation ne représente que cette différence. Cette différence en est l'occasion, mais non l'objet. Quant à l'intelligence, je n'ai jamais ouï dire qu'elle présupposât directement une circonstance semblable. Et voyez à quelles absurdités nous conduirait cette nécessité imaginaire d'assimiler un objet à un autre pour le connaître. Comment arriverions-nous à la connaissance du premier terme ? A quoi pourrions-nous l'assimiler ? Il faudrait fonder la première connaissance sur la différence de deux choses qui ne seraient pas connues. Est-il possible de connaître la différence de deux choses sans les connaître elles-mêmes ? Cette différence n'est-elle pas constituée précisément par un rapport entre la nature même de ces choses ? et pouvons-nous connaître ce rapport sans connaître les natures sur lesquelles il est fondé ? La thèse d'Herbert Spencer de la relativité de la connaissance est donc contradictoire en elle-même. Ou elle est impossible à concevoir, ou elle suppose précisément ce qu'elle prétend contester, une connaissance première de quelque chose de réel et d'essentiel.

M. Renouvier, dans ses essais de critique générale, présente une thèse analogue, mais d'une manière plus idéaliste. Il soutient que nos connaissances ne sont que des états de conscience, qui ne nous sont connus que

(1) *Premiers principes*, p. 63.

comme états de conscience. Par conséquent rien d'objectif, rien d'existant en soi ; tout se passe en idée. « Je puis, dit-il, n'envisager les choses que sous ce caractère commun qu'elles ont d'apparaître, de se manifester, de se représenter, d'être en un mot des représentations (1). » La conséquence suit nécessairement : « J'ai prouvé que les choses en soi n'existent pas, si ce n'est que les représentations se nomment ainsi. (2) » Et voici cette preuve : « Ou ce quelque chose est posé hors de la connaissance, mais tel que dans la connaissance, alors on a beau faire, il ne sera pas absolument autre, et de plus cette division conduit à des contradictions qui seront développées dans le chapitre suivant; ou ce quelque chose est posé hors de la connaissance, et cela sans restriction aucune, en ce cas il ne sera ni défini, ni connu, ni connaissable et je n'en dispute pas (3). »

Vous voyez là un sophisme bien prévu par la scolastique: la confusion des deux points de vue de l'existence et de l'essence. Les scolastisques savaient très bien que la chose n'est pas en soi comme dans la connaissance quant au mode d'existence, le mode d'existence intelligible étant précisément d'être représentatif, ce que ne peut être l'existence en soi. Mais cela n'empêche pas que la chose existe en soi comme dans la connaissance quant à son essence, que par conséquent la pensée soit semblable à l'objet et représente son essence telle qu'elle est en elle-même.

En soutenant que nous ne connaissons des choses que leur propriété d'apparaître, M. Renouvier pose une affirmation fausse et directement contraire à la conscience. Nous ne connaissons les choses que par leur propriété d'apparaître sans doute, mais ce n'est pas cette propriété d'apparaître seulement que nous connaissons. Si notre conscience jugeait qu'il en fût ainsi, elle ne ferait aucun cas de telles connaissances, elle ne s'en inquiéterait pas

---

(1) *Essais de critique générale*, p. 7.
(2) *Ibid.*, p. 17.
(3) *Ibid.*, p. 18.

plus que des rêves de la nuit ou des phosphènes qui passent devant nos yeux. Si elle donne attention aux choses, si elle les étudie, c'est qu'elle est convaincue qu'elle peut connaître ce qu'elles sont en elles-mêmes. Cette supposition semble-t-elle contradictoire à M. Renouvier? Cela ne saurait étonner dans l'ordre d'idées où il s'est placé. Il a pris tout d'abord une position fausse et contraire aux faits, il devait arriver à des impossibilités. Un démenti à la conscience devait avoir pour conséquence des démentis à la raison.

Aussi le dilemme qu'il nous oppose peut-il être refait contre lui-même. Mettons, par impossible, que nous ne connaissions de la chose que la propriété d'apparaître. Ou cette chose apparaît telle qu'elle est en soi, et alors nous la connaissons telle qu'elle est en soi, ainsi que le soutient la philosophie dogmatique ; ou elle n'apparaît pas comme elle est en soi, et alors ce n'est pas elle qui apparaît, c'est autre chose. A vrai dire, elle n'apparaît pas du tout, et je ne sais même plus ce que veut dire ce mot apparaître, à moins qu'il ne soit lancé comme un semblant de satisfaction donné aux réclamations de la conscience.

La thèse de la relativité de la connaissance et celle de sa subjectivité n'ont donc rien qui puisse nous émouvoir. Elles sont contraires à la conscience qui est la base expérimentale de toute certitude et elles s'embarrassent dans des contradictions.

Une autre objection est plus incommode, précisément parce qu'elle a un caractère plus positif. Il semblerait résulter de l'enseignement des sciences physiques, tel qu'il est donné aujourd'hui, que nous ne connaissons aucun fait matériel dans sa nature propre.

Les scolastiques savaient déjà que la connaissance sensible n'est ni complète ni toujours fidèle.

Elle n'est pas complète, car elle n'atteint directement que les qualités, et non pas l'individu. Ce n'est pas mon œil à proprement parler qui voit tel homme, il ne voit que des couleurs. S'il atteint l'homme comme tel, ce n'est que par accident, en tant que la vertu cogitative, qui n'est au fond qu'une participation de l'intellect, s'applique à l'image sensible. « Si, en voyant quelque chose de coloré, dit saint Thomas (1), je perçois que c'est tel homme ou tel animal, cette appréhension résulte en moi de la vertu cogitative appelée aussi raison particulière. Cette vertu est néanmoins attribuée à la partie sensitive, parce que la sensation, dans son degré le plus éminent, participe de l'intelligence à laquelle elle est unie dans l'homme. »

La sensation n'est pas non plus toujours fidèle. L'indisposition de l'organe l'altère. Je vois jaune ce qui est blanc, si j'ai la jaunisse.

Voilà ce que savaient les scolastiques, mais ce qu'ils ne savaient pas, ce que les travaux modernes paraissent avoir démontré, c'est que la propriété corporelle objectivement considérée est très différente de la propriété sensible qui la représente.

Bernouilli a montré que le son résulte de vibrations; on peut rendre ces vibrations visibles. Fresnel a appliqué la même théorie à la lumière; il a fait voir que la théorie vibratoire peut seule rendre compte de certains phénomènes, tels que les interférences. Gerhard a étendu la même théorie à la chaleur. Toutes les qualités sensibles paraissent devoir y passer.

L'étendue même a été attaquée dans son caractère le plus apparent. Cauchy, Poisson, Saint-Venant ont déclaré le continu réel impossible. Dans un tout continu les parties n'auraient, suivant eux, aucune cohésion, parce que la force de cohésion est fonction de la distance et s'annule avec elle. Quant à la résistance, on ne saurait la nier de bonne foi, mais la résistance n'est pas une connaissance positive. Nous savons qu'une chose nous résiste, nous ne savons pas la nature de l'acte par lequel elle résiste.

(1) Si cum video coloratum, percipio hunc hominem vel hoc animal, hujusmodi quidem apprehensio fit per vim cogitativam, quæ dicitur etiam ratio particularis. Nihilominus tamen hæc vis est in parte sensitiva, quia vis sensitiva in sui supremo participat aliquid vis intellectivæ in homine, in quo sensus intellectui conjungitur. (*Comment. de animâ*, l. II, p. 13.)

Il semble résulter de toutes ces considérations qu'en réalité nous ne voyons directement que nos actes et des modifications de nos actes. La nature des choses extérieures nous échappe.

Cette manière de voir est au premier abord inacceptable pour la philosophie scolastique. Cette philosophie enseignant que toutes nos connaissances viennent des sens, comment pourrait-elle admettre que les impressions de nos sens ne soient pas en elles-mêmes de vraies connaissances ? L'objectivité de l'intelligence tout entière ne s'en trouve-t-elle pas compromise ? Aussi beaucoup de scolastiques contemporains essayent-ils de maintenir l'objectivité des qualités sensibles. Il y a eu à ce sujet, dans *les Annales de philosophie chrétienne*(1), une intéressante discussion entre M. l'abbé Farges, champion de la scolastique, et M. l'abbé de Broglie. Ce sujet mérite assurément d'être étudié. Toutefois c'est avant tout une question de psychologie ; et pour le but qui nous occupe, nous n'avons pas besoin de prendre parti. Comme nous l'avons fait observer plus haut, nous n'avons pas besoin en métaphysique de ce que nous avons appelé l'objectivité extérieure de la connaissance d'objets distincts du moi. L'objectivité réelle nous suffit. Les notions métaphysiques sont fondées si nous connaissons quelque part des faits réels indépendamment de ce qu'ils sont pensés, et si de ces faits nous pouvons déduire leurs lois essentielles. Quant au principe de la philosophie scolastique, il sera sauvegardé, si ces faits relèvent avant tout de la sensation, ne se produisent que par la sensation ou à propos de la sensation. C'est dans cet esprit, et en nous bornant aux connaissances absolument incontestées, que nous établirons la classification suivante des notions objectives.

Nous mettrons au premier rang les connaissances que nous appellerons directement objectives. Ce sont celles qui sont immédiatement perçues par le simple regard de l'esprit. Telles sont nos pensées, nos sensations, nos

(1) *Annales*, juillet 1885 — janvier 1886.

volitions, nos douleurs. Ces faits sont bien des choses réelles que nous connaissons comme réelles ; nous défions le kantiste le plus intrépide de les révoquer en doute sincèrement. Saint Thomas l'a bien remarqué, l'objet de nos sensations serait-il illusoire qu'il serait vrai encore que nous avons ces sensations : *quod apparet est rerum cui apparet et quantum apparet et quando apparet* (1). Voilà donc une base inébranlable pour la connaissance. D'autres choses nous sont peut-être connues d'une manière aussi directe ; mais celles-là suffisent pour que nous puissions élever sur elles tout l'édifice des notions métaphysiques.

Analysons, en effet, ces connaissances, nous en tirons facilement d'autres connaissances objectives aussi, puisqu'elles montrent des éléments réels constatés dans des choses réelles. Nous les appellerons connaissances implicitement objectives, parce qu'elles sont comprises dans les premières, mais qu'il faut un travail de l'esprit pour les dégager.

Ainsi je connais le rouge par ma sensation. C'est une notion directement objective. Quelque opinion que l'on adopte sur la valeur de la sensation, elle est objective au moins à la considérer comme fait de sensation existant indépendamment de la conscience que j'en ai.

Je sais ce qu'est le rouge, je sais donc ce qu'est son essence, c'est-à-dire son caractère distinctif, à tout le moins comme qualité sentie. Je sais également ce qu'est le vert, le jaune, etc. En comparant ces diverses données, j'y constate un côté commun, la notion de couleur. Voilà une notion nouvelle implicitement objective, mais vraiment contenue dans la notion première dont elle fait partie. De même, en comparant les notions de mes divers actes, j'en tirerai la notion d'activité, qui a bien une valeur objective, puisqu'elle représente un côté réel, un élément intégrant de faits objectifs. Ce n'est pas tout, en prenant conscience de mon acte, je perçois par là même qu'il existe. Je vois, équivaut à : je suis voyant ; j'entends,

---

(1) *Comment. de animâ*, l. II, a. 13.

équivaut à : je suis entendant. Voilà encore une nouvelle notion perçue et qui n'est perçue par aucun sens, celle de l'être. Elle ne vient ni de l'œil, ni de l'oreille, ni du tact ; elle n'a d'analogie avec aucune couleur, aucun son, aucune résistance. D'où vient-elle donc ? De l'intelligence, s'accolant à la sensation dans tous ses actes, et y ajoutant un élément qui n'a rien de sensible. L'intelligence nous apporte une notion nouvelle, non pas en nous présentant une idée d'être toute faite que nous appliquerions aux choses perçues, mais en percevant dans ces choses mêmes leur propriété d'être, qui est son objet propre, comme la couleur est l'objet propre de l'œil. Voir l'être et nos actes, voir l'être dans nos actes, c'est le propre de l'intelligence humaine. *Objectum intellectus est ens, sub quo comprehenditur actus ipse intelligendi* (1).

Enfin tout acte a un point de départ. L'acte est une capacité s'exerçant d'une certaine manière. Qui voit l'exercice d'une faculté immanente, voit par là même la faculté qui s'exerce ; l'un est inséparable de l'autre, l'un est déterminé par l'autre. Mais cette faculté ou capacité peut être considérée dans son existence indépendamment de l'acte exercé. On l'appelle alors sujet. Quand je constate que je vois, je constate tout d'abord qu'il y a une capacité de voir, puis qu'elle entre actuellement en exercice : *je* indique cette capacité, *voir* indique son application. *Je* indique encore bien autre chose, comme nous le verrons plus loin. Une capacité ne peut en effet subsister toute seule. Mais ici nous nous bornons à ce que donne l'analyse immédiate du fait vu. Tout acte est essentiellement un passage, passage d'une réalité élémentaire à une réalité plus complète. Nous ne pouvons voir le passage sans voir les deux points entre lesquels il s'opère, la capacité qui préexiste et l'action qui en est le développement. Nous connaissons donc tout d'abord le sujet, au moins sous cet aspect de capacité existante. Cela nous suffit pour le moment.

Ainsi, vous le voyez, si étroit que soit le terrain dont

(1) *Sum. th.*, I, q. LXXXVII, a. 3.

nous nous sommes contentés, nous y avons déjà pu faire une riche moisson. Nous y avons trouvé les notions d'activité, d'être, de sujet, c'est-à-dire les notions qui constituent la trame de toutes nos pensées. Nous ne formons pas un jugement, nous n'énonçons pas une proposition de quelque importance où ces trois idées ne se retrouvent. Et ce sont bien des notions objectives, notions de choses vues et perçues aussi bien que les premières connaissances que nous avons signalées. La seule différence consiste en ce que les premières connaissances contiennent le fait brut vu dans son ensemble, celles-ci donnent au contraire les éléments du fait pris à part et considérés isolément.

Mais il nous faut avancer plus loin. Nous n'avons pas encore trouvé les notions fondamentales et les principes premiers dont se sert la métaphysique. Continuons donc notre recherche. Nous n'avons pas épuisé tous les ordres de connaissances que l'on peut appeler objectives.

Je n'appelle pas en effet objectives les notions seules recueillies sur l'objet vu. D'autres encore méritent ce nom. Ce sont toutes celles qui représentent un objet réel, bien que non vu en lui-même et dans sa nature propre. Ainsi la connaissance que nous avons de Dieu est certainement une connaissance objective, bien que nous ne puissions le voir directement. Ces connaissances s'obtiennent par un raisonnement qui, partant d'une réalité connue, nous conduit à la nécessité d'admettre certaines réalités inconnues en elles-mêmes, mais que la première suppose. C'est pourquoi nous les appelons indirectement objectives. Les notions qui fondent la métaphysique sont de cette nature. Toutefois le raisonnement qui les donne est tellement spontané, tellement intime à l'intelligence qu'il échappe d'abord à la réflexion. C'est pourquoi plusieurs se sont imaginés que ces notions étaient à priori, créées par l'intelligence elle-même. Des penseurs plus téméraires encore leur ont refusé toute valeur autre que celle d'un instrument commode de classement.

Nous allons en étudier deux des plus importantes et

des plus attaquées : la notion de *substance* et la notion de *cause*. Nous espérons montrer leur lien étroit avec les connaissances précédemment indiquées.

Commençons par l'idée de *substance*.

Il ne manque pas de personnes qui considèrent cette notion comme directement objective. Qu'est-ce qu'une substance? n'est-ce pas tout simplement une personne ou une chose? Nous en voyons à chaque instant. L'or, l'argent, le soufre ne sont-ils pas des substances? Cette manière de voir peut paraître spécieuse, mais elle n'est ni exacte, ni utile dans la controverse. Elle n'est pas exacte, car dans le langage philosophique, le seul qui soit ici en cause, on n'appelle pas substance les individus en bloc, mais seulement ce premier fond qui se cache sous les propriétés apparentes, et dont la nature est incontestablement mystérieuse. Elle n'est pas utile non plus, car les positivistes n'ont jamais nié que nous ne connaissions des personnes ou des choses. Ils les admettent comme groupes de faits. La seule assertion qu'ils contestent, c'est l'existence d'un support commun et réel sous les groupes de faits. Cette assertion nous est très naturelle, mais elle n'est pas si immédiatement évidente qu'on n'en puisse demander la preuve. M. l'abbé de Broglie assure (1) que la certitude avec laquelle nous affirmons les substances résulte d'une interprétation spontanée de nos sensations. Que cette interprétation soit spontanée, je le veux et je l'ai dit. Mais je ne saurais admettre qu'une interprétation soit l'équivalent d'une perception. Qui dit interprétation exclue l'intuition immédiate. L'interprétation implique un travail sur les signes interprétés. Assurément j'admets qu'on se fie aux résultats d'une opération si naturelle, et pour ma part je m'y fie tellement que, l'investigation tentée ici fût-elle sans résultat, je n'abandonnerais pas pour cela l'idée de substance. Mais il est bien permis de rechercher les traces de ce travail, surtout quand on est en face d'adversaires

---

(1) *Le Positivisme et la science expérimentale*, l. II, ch. I.

qui en contestent la valeur et qui traitent le sens commun en suspect.

D'où nous vient donc l'idée de substance?

Nous avons montré plus haut que tout acte bien analysé comprend dans son fond un sujet existant, une capacité réelle et pratique développée par l'exercice actuel et manifestée par l'action. C'est bien là tout ce que donne l'analyse du fait, si l'on s'en tient à ce qui est strictement perçu. C'est là aussi que M. Taine s'est arrêté. En disant que la substance n'est qu'une possibilité de sensation (1), il a marqué le fait perçu, dans ses plus étroites limites, sans vouloir entendre à aucune de ses conséquences les plus nécessaires. Il est resté fidèle en cela à la méthode positiviste, qui consiste surtout à se montrer rebelle à tout raisonnement, juste ou non, quand il s'agit de s'élever au-dessus de l'ordre purement matériel.

Mais un homme faisant le plus simple usage de sa raison peut-il s'arrêter là? Je dis que cela est impossible.

En effet, les sujets de nos actes n'apparaissent pas isolés. Beaucoup sont liés nécessairement entre eux de telle manière que l'un ne saurait exister sans l'autre. Ainsi ma pensée actuelle contient le souvenir de ma pensée d'hier. Pourquoi cela? Évidemment c'est le même sujet qui pense et qui pensait hier. Peut-on se souvenir d'une pensée conçue par autrui? Il y a donc identité dans le sujet d'actes successifs, la mémoire en est la preuve. La mémoire ne fait pas notre identité, comme l'ont prétendu certaines personnes, mais elle la constate.

De même un seul sujet produit souvent à la fois des actes distincts attestant des facultés différentes. Je sens, j'aime, je souffre, je pense: tous ces actes qui peuvent surgir en moi du même coup, comme il y en a de fréquents exemples, sont différents en nature, mais ils sont liés par la même conscience. C'est évidemment le même sujet qui pense et qui en a conscience, c'est le même sujet qui sent et qui en a conscience. C'est aussi le

_____
(1) *De l'Intelligence*, t. II, p. 190.

même sujet qui a conscience de penser et de sentir. C'est donc le même sujet qui sent et qui pense : *Idem homo percipit se intelligere et sentire* (1). Voilà l'identité de sujet sous des actes coexistants.

Il est donc établi par des raisons tout à fait expérimentales qu'il y a sous la diversité des actes un sujet un et permanent.

Nous l'avons prouvé pour l'être conscient. Si nous étudiions les êtres inférieurs, nous y trouverions des indices presque aussi évidents de la même vérité. Partout les faits nous apparaissent liés par groupes indissolubles. C'est un même corps qui a étendue, résistance, couleur, température; toutes ces propriétés apparaissent et disparaissent à la fois. Elles ne sont pas juxtaposées, elles coexistent dans un sujet un ; elles sont en communauté d'existence. La raison naturelle en juge ainsi immédiatement.

Mais si le sujet est un et permanent, il ne peut être une simple collection de capacités diverses. Ces capacités sont très différentes de nature et souvent opposées dans leurs caractères. Elles ne sauraient constituer un sujet unique ; ce sujet doit être un fond commun d'où elles découlent. Ce fond a sa nature à lui. Il ne peut être une existence indéterminée; il a donc ce que nous appelons une essence, inconnue dans son fond, puisque nous ne la connaissons que par induction, mais qui doit être proportionnée aux facultés qui en dérivent. Cette essence existe en soi, elle est proprement ce que l'on appelle en philosophie la substance. Les facultés existent en elle et par elle; c'est-à-dire qu'elles participent toutes de la même existence substantielle, la complètent et la manifestent.

Il se passe ainsi dans la raison quelque chose d'analogue à ce qui se passe dans le sens de la vue. Au premier regard jeté par l'enfant sur la nature, tout lui paraît sur un même plan; peu à peu aux ombres, aux teintes et aux formes il apprend à apprécier les distances différentes.

---

(1) S. Thom., *Sum. th.*, I, q. LXXVI, a. 1.

Cette appréciation finit par faire corps pour ainsi dire avec sa sensation ; il voit le relief. Ainsi une réflexion implicite le conduit promptement à reconnaître que les faits existent par groupes, qu'ils reposent sur un fond commun dont leur existence dépend directement et principalement. Cette notion arrive bientôt à faire corps avec sa pensée ; il saisit du même coup le fait et la substance.

Où trouverez-vous une conception mieux motivée? Les positivistes accordent apparemment confiance à l'astronomie de Copernic contre l'astronomie des apparences. L'astromie moderne est-elle fondée sur des raisonnements plus simples et plus pratiques, et j'ajouterai, plus directement vérifiables que ceux que nous venons d'exposer ?

Ainsi la substance est définie : l'essence une, permanente, existant en soi, d'où dérivent les facultés. Elle comprend, comme on le voit, deux éléments différents, l'existence et l'essence substantielle. L'essence substantielle nous échappe, nous ne la percevons pas, nous l'induisons. L'existence est perçue par nous dans les divers actes qui y participent, et reportée à ce premier fond mystérieux d'où sortent les facultés et les actes. La notion de substance a ainsi une face pleinement expérimentale, mais incomplète, l'existence immédiatement perçue et que nous avons déjà classée dans les notions implicitement objectives, et une autre face plus obscure, complément nécessaire de la première, l'essence qui est conclue par nous en vertu d'un raisonnement primitif et pour ainsi dire instinctif. La première face, l'existence, donne raison, dans une certaine mesure, à ceux qui veulent que la substance des choses soit directement perçue ; mais elle ne prend forme déterminée que par la seconde ; c'est pourquoi nous avons rangé la substance parmi les notions indirectement objectives.

Lorsque nous avons saisi qu'il y a des substances et des choses qui ne sont pas substances, en d'autres termes qu'il y a des choses qui existent en d'autres, toutes les fois que nous sommes en présence de quelque réalité, nous nous demandons nécessairement si elle existe en soi ou si elle existe en autre chose, si elle est ou n'est pas substance, car il n'y a pas de milieu. Si nous constatons qu'elle n'est pas substance, qu'elle existe en autre chose, la question se pose à son tour pour cette autre chose, et nous ne pouvons nous arrêter que dans la substance. De là cet axiome bien connu: tout phénomène a une substance.

L'idée de *cause* est peut être plus facile encore à établir dans son caractère fondamental que celle de substance.

Ce caractère, en effet, est l'activité. Or, nous avons vu d'où vient la notion d'activité. Elle nous est très familière ; nous la trouvons dans nos propres actes. Être actif, c'est produire quelque réalité qui n'existait pas ; nous le faisons à chaque instant. En formant une pensée, je ne fais pas que viser l'objet considéré, je produis un fait réel, quelque chose de nouveau qui est en moi, mais qui n'est pas moi, ce que les docteurs ont appelé la parole intérieure ou le verbe mental. Il en est de même si je forme une volition, une imagination, une sensation, en tant qu'elle est un acte du sentant; il y a quelque chose de produit en moi et par moi. Comme nous l'avons remarqué plus haut, nous ne voyons pas un acte sans voir les termes entre lesquels il se meut. L'acte, c'est l'existence transportée du producteur au fait produit. Qui voit donc l'acte voit du même coup le fait, sa production et le producteur.

Ah! si vous cherchez hors de vous, vous ne trouverez pas sans doute ce spectacle de l'activité féconde. Il n'y a qu'en vous que vous le saisirez directement, parce que c'est en vous, en définitive, que vous atteignez le plus profondément la nature des choses. Hume a voulu chercher la notion d'activité dans les faits matériels. Il ne l'a pas trouvée ; il l'a niée, et il en est venu à cette opinion contraire à toute logique que la cause n'est que l'antécédent nécessaire. Maine de Biran a cherché l'idée de cause dans la notion de mouvement volontaire; c'était encore s'adresser à côté. Si nous savons que notre volonté agit sur nos membres, nous ne la voyons pas cependant produire cette action; nous ignorons même comment elle la produit. Nous la jugeons cause, absolument comme les causes extérieures, parce que nous voyons l'effet suivre régulièrement et infailliblement.

Cousin a approché de plus près ; il a cherché le type de la cause dans la production même de l'acte de volition. C'était toucher juste. Mais son explication n'est pas encore complète; l'acte de volition n'est pas le seul type d'activité en nous, ainsi que nous l'avons vu, et il n'est pas sans inconvénient de le présenter seul. Plusieurs en ont conclu que l'idée de cause n'est qu'une application plus ou moins vague aux choses de l'idée de volonté. Il en résulte une espèce d'anthropomorphisme dont le moindre inconvénient n'est pas de répugner au sens commun.

L'esprit humain n'applique pas ainsi brutalement les conceptions qu'il possède ; il est beaucoup plus sûr qu'on ne le croit dans ses analyses. Il sent très bien que nos actes ne peuvent s'appliquer dans leur nature spécifique aux choses du dehors. Aussi n'y cherche-t-il qu'un type général, un type représentant les conditions essentielles de l'être. Ce type, il peut dès lors l'appliquer légitimement à toutes choses, car tout ce qui est a les conditions essentielles de l'être. Ces conditions se reconnaissent à ce qu'on ne peut les supprimer sans supprimer l'être lui-même. Ainsi, dans la question qui nous occupe, tous nos actes, quels qu'ils soient, ont ceci de commun qu'ils n'existent que par une autre chose qui leur infuse, pour ainsi dire, l'existence. C'est moi, par ma propre efficacité, qui donne l'existence à ma pensée, à ma volition, etc. ; elle n'existe que par moi et par l'exercice de mon activité. Cette idée d'être par quelque chose, que nous trouvons en nous, est la base de l'idée de cause, et nous avons bien le droit de l'appliquer au dehors, car elle est la condition essentielle d'une certaine catégorie d'existences. Si elles n'étaient point par une autre, elles ne seraient pas.

La notion de *cause* est donc fondamentalement la notion d'une chose qui est par une autre. Cette idée, nous la trouvons en nous. Nous n'avons pas besoin de supposer la forme innée de Kant; cette forme est le produit naturel de notre expérience interne. Nous l'appliquons nécessairement au dehors. Toutes les fois que certains indices nous font juger qu'une chose n'est point par soi, nous en concluons qu'elle est par une autre : car il n'y a pas de milieu. Ce qui montre par sa nature qu'il n'est point par soi, nous l'appelons effet; ce par quoi il est, nous l'appelons cause. De là le vieil axiome : tout effet a une cause. Cet axiome n'est point une tautologie quand on définit l'effet, non ce qui a une cause, comme on le fait souvent par abus, mais ce qui est de telle nature qu'on ne peut le supposer exister par soi.

La seule difficulté de ces conclusions, c'est la différence très réelle qui existe entre l'activité en nous et la causalité au dehors. L'activité en nous ne produit rien qui sorte de nous. Le sujet, l'action, le terme, tout est intérieur : le fait n'est pas seulement par nous, il est encore en nous. Au dehors, bien au contraire, l'effet est hors de la cause, et nous ne le considérons comme effet qu'en tant qu'il est constitué hors d'elle. Mais cette différence s'explique suffisamment par la diversité des conditions qui se présentent à nous quand nous contemplons notre activité interne et quand nous cherchons la cause. En nous, nous voyons le fait être produit, nous le voyons exister par notre activité intime, précisément parce qu'il est en nous et n'existe que de notre existence. Au contraire, quand nous cherchons la cause, c'est que le fait et le principe n'apparaissent pas à la fois ; le fait se présente isolé et détaché. Nous concevons seulement que l'effet ne peut être par soi, c'est pourquoi nous demandons la cause. Nous voyons la fraction, disait Sophie Germain, nous demandons l'entier (1). A ce point de vue, l'idée de cause est vraiment autre que celle d'ac-

---

(1) Ravaisson. *Rapport sur la philosophie au* xix° *siècle.*

tivité, mais elle en dérive. Elles ont toutes deux un fond commun, l'idée d'être par quelque chose: les divergences viennent de la diversité même des conditions où l'esprit applique cette idée.

Ainsi nous avons constaté dans notre expérience deux relations essentielles de l'être: être en soi ou en autre chose, être par soi ou par autre chose. Si nous avions étudié l'idée de fin, aussi importante, mais dont l'origine est moins discutée, nous aurions constaté une troisième relation, celle d'être pour un autre ou pour soi. Ces relations sont absolument essentielles, nous ne concevons pas l'être sans elles. Du moment que nous avons vu l'existence des réalités directement connues en dépendre essentiellement, de telle sorte qu'elles n'existeraient pas si ces relations n'étaient satisfaites, si elles n'étaient en quelque chose, par quelque chose et pour quelque chose, toutes les fois que nous sommes en présence d'une réalité nouvelle, nous voulons savoir comment elle se comporte vis-à-vis de ces relations. Si l'être en est capable, il faut qu'il soit déterminé vis-à-vis d'elles; il faut, ou bien trouver l'autre terme de ces relations, s'il n'apparaît pas, ou montrer que ce terme n'est point nécessaire, la nature de la chose contenant en soi un avantage équivalent. Alors même nous ne comprenons cet avantage qu'exprimé sous la forme des relations qui nous sont familières, et nous disons qu'il est en soi, par soi ou pour soi.

Wurtz, dans sa théorie atomique, classait les atomes des corps suivant le nombre de liaisons dont ils sont capables. Il appelait cela leurs valences. Il disait qu'un atome, l'atome d'hydrogène par exemple, est bivalent, parce qu'il peut se lier à deux autres atomes; l'atome d'ammoniaque est trivalent parce qu'il comporte trois liaisons; l'atome de carbone est quadrivalent, etc. Pour une combinaison stable, il faut que toutes les valences soient satisfaites. Ainsi, pour former une molécule d'eau il faudra deux atomes d'oxygène, pour satisfaire les deux valences de l'hydrogène. A l'état simple, les valences seront satisfaites aussi, mais elles seront satisfaites par des atomes de même nature. La molécule d'hydrogène sera toujours double, les deux valences des deux atomes élémentaires se satisfaisant réciproquement. Ainsi, pourrions-nous dire, l'être nous apparaît comme trivalent. Il implique trois relations fondamentales, et ces trois relations doivent toujours être satisfaites ou à l'extérieur ou en lui-même. Il nous est tellement impossible de le concevoir sans ces relations, que nous les plaçons jusque dans l'être absolu. Il est en lui, il est par lui, il est pour lui. C'est le cachet propre de sa nature; c'est le caractère original et distinctif de son essence infinie; c'est le premier linéament de l'auguste mystère de la sainte et adorable Trinité.

CHAPITRE III

DES DISTINCTIONS

Nous avons donc des connaissances objectives. Il y a des choses que nous connaissons directement et en elles-mêmes, par conséquent dans leur essence. Il y en a d'autres que nous connaissons indirectement, mais d'une manière certaine et légitime : c'est ainsi que nous saisissons la substance sous les phénomènes et la cause sous l'effet. Ces choses que nous connaissons nous pouvons les analyser dans la mesure où nous les connaissons, les unes directement par la contemplation de leurs aspects divers, les autres indirectement par leurs connexions nécessaires avec les faits qui les manifestent. L'analyse objective est donc possible.

Mais toute analyse va à distinguer des éléments dans les choses analysées : et en effet, c'est un des principaux buts de la métaphysique, ainsi que nous l'avons vu plus haut, de reconnaître les éléments intimes des êtres, de débrouiller leur complexité. Ici surgit une autre question préalable et des plus importantes. Quelle est la valeur de ces distinctions? Sont-elles réelles? Les objets que nous distinguons sont-ils vraiment distincts dans la réalité ? ou ne faisons-nous que considérer une même chose de diverses manières, sous des points de vue différents, pour la commodité de notre esprit? Il est indispensable de fixer nos idées sur ce problème, dans lequel est engagée la valeur même de la métaphysique.

Quelle était l'opinion de saint Thomas ? Saint Thomas a indiqué un grand nombre de distinctions, et il est certain que beaucoup étaient considérées par lui comme réelles. On le reconnaît facilement à la nature des arguments qu'il emploie. Ainsi quand saint Thomas distingue l'opération de l'être ou l'intelligence de l'essence substantielle, il est impossible de ne pas comprendre cette distinction comme réelle. Il en fait le caractère propre de la créature et sa différence essentielle avec Dieu ; il serait impossible d'admettre que cette différence dépendît de notre manière de considérer les choses. Elle doit donc exister dans les choses, être un caractère des choses mêmes, *seclusá consideratione intellectus* (1), à part toute considération de l'intellect.

Dans d'autres cas, il est difficile de voir une distinction réelle. Souvent saint Thomas dit qu'une chose n'est pas une autre, quand il ne s'agit que de différences d'aspect ou de rapport. Il enseignera, par exemple, qu'autre chose est d'être Socrate, autre chose est d'être blanc : *aliud esse Socratem, aliud esse album* (2). Or il paraît peu concevable d'admettre dans un seul être plusieurs existences réellement distinctes, comme certains scolastiques semblent l'avoir compris.

Il y eut donc lieu à controverse sur la valeur de certaines distinctions, controverse qui se porta tout d'abord sur la nature de la distinction réelle en général. Ce fut une des questions qui marquèrent plus particulièrement la différence des écoles au moyen âge.

Saint Thomas n'avait pas, au xiiie ou au xive siècle, l'autorité qui lui est acquise aujourd'hui. Le véritable maître de la scolastique était alors Pierre Lombard. Tout docteur soucieux de sa réputation débutait en commentant les Sentences. Cette habitude dura jusqu'au xve siècle, et Dominique Soto, à la veille du concile de Trente, con-

(1) Soto, *Catégories*, vii, 2.
(2) *Sum. th.*, III, q. xvii, a. 2.

sacrait encore ses plus importantes leçons à l'étude du grand monument laissé par Pierre Lombard.

La philosophie de saint Thomas n'avait été adoptée d'abord que par les Dominicains. Les Augustiniens l'acceptèrent dès la fin du xiiie siècle, sous l'impulsion de leur général Egidius Colonna ou Gilles de Rome. Mais les Franciscains résistèrent toujours. Il y eut des luttes acharnées entre les deux camps. Plusieurs points de la doctrine thomiste furent condamnés à Londres et à Paris. Bien que ces décisions de l'ordinaire n'aient pas été consacrées à Rome, elles n'en imposèrent pas moins aux partisans de saint Thomas une réserve et une gêne dont on saisit la trace évidente dans leurs ouvrages de cette époque.

Mais il fallait aux Franciscains un homme pour mener la lutte contre le Docteur angélique. Cet homme fut Duns Scot, surnommé le docteur subtil, *doctor subtilis*. Anglais ou Écossais d'origine, il étudia à Paris sous Guillaume Varron et fut reçu docteur après une thèse très brillante. Un incident singulier marqua la soutenance de cette thèse. Pendant que Scot développait ses théories, un écolier pauvrement mis fit quelque bruit. Scot impatienté se retourna, et voyant un homme en haillons lui jeta cette interrogation dédaigneuse: *Dominus, quæ pars ?* « Le mot *seigneur*, quelle partie du discours? » Raymond Lulle, car c'était lui, répondit sans s'émouvoir: *Dominus, non pars sed totum*, « le Seigneur n'est pas une partie mais le tout. » Scot frappé de la réplique devint l'ami le plus intime de Raymond Lulle.

Scot est aujourd'hui en défaveur, le triomphe du thomisme l'a abaissé. En fait, c'était un esprit éminent. Etudiez son *Commentaire* des Sentences dans la magnifique édition que possède la Bibliothèque nationale, vous trouverez un esprit très net, très pénétrant, ennemi des termes vagues et des paroles inutiles, sachant toujours aller au point de la difficulté. Son principal défaut est ce que j'appellerais le défaut celtique; il n'admet que les solutions carrées et mathématiques, tandis que le génie italien, plus capable de nuances, est peut-être par là même plus proche de la réalité des choses.

Scot, en métaphysique, partit de cette idée que toute chose distincte est un être distinct : *Res dicitur quæ propria gaudet existentia*. Le mot réel vient de *res*, chose, par conséquent il considéra toute distinction réelle comme une distinction entre deux entités. Aussi niait-il la distinction réelle entre l'intelligence et l'essence substantielle, si soigneusement établie par saint Thomas ; il est, en effet, évident que l'intelligence et la substance d'un être n'ont point chacune une existence à part. Il aurait dû aller plus loin et nier la distinction de la forme et de la matière, de la substance et de l'étendue, etc. Il n'osa pas ; il eût fallu bouleverser tout l'ensemble de la doctrine scolastique.

Mais que mettre à la place des distinctions réelles ? Il y a dans un même être et sous une existence commune des différences qu'il importe de caractériser. Scot inventa la distinction formelle ou *ex natura rei*. L'idée était bonne en soi ; ce que l'on distingue dans les êtres, ce sont bien des formes diverses quoique subordonnées ; le nom de distinction formelle était donc bien choisi. Malheureusement Scot abusa de sa distinction ; il l'appliqua dans une foule de cas qui ne comportent qu'une distinction de raison. Ainsi il mettait une distinction formelle entre les attributs divins. Le terme prit une mauvaise couleur, qui obligea les thomistes, même modérés, à le rejeter.

La lutte fut vive et longue entre les deux partis. Les scotistes finirent par succomber, et au xvi⁰ siècle la doctrine des distinctions réelles triomphait dans toutes les écoles de quelque importance.

Mais le scotisme écrasé put au moins avoir la joie, si c'en est une, de léguer à la doctrine adverse le vice qui devait la ruiner à son tour. Les thomistes du xiii⁰ et du xiv⁰ siècle avaient toujours défendu les distinctions réelles, au point de vue du Docteur angélique, c'est à-dire comme n'impliquant pas une distinction dans les existences. Capreolus est formel sur ce point : il indique très nettement qu'autre est la distinction de l'existence actuelle, autre la distinction entre les essences, et que ces deux distinctions ne s'appliquent point dans les mêmes cas et de la même manière (1). Mais peu à peu la manière scotiste d'envisager les distinctions réelles, plus accessible aux esprits médiocres, pénétra l'école thomiste elle-même. Soto protestait encore au début du xvie siècle ; Cajetan est déjà plus faible ; Suarez cède complètement au courant et fait de toute distinction réelle une distinction entre des entités ayant chacune leur existence propre. La différence entre les scotistes et les thomistes ne consista plus que dans le nombre des distinctions réelles admises. Quelle que fût l'école, ce nombre était beaucoup trop grand eu égard à la nouvelle interprétation, et la Renaissance survenant se détourna d'une métaphysique où le sentiment de l'unité de l'être s'était si malheureusement affaibli.

Dès le xive siècle, dans l'école même des franciscains, une réaction s'était opérée contre les excès du scotisme, exagérée comme toutes les réactions. Un petit groupe de docteurs, ressuscitant le nominalisme, enseignèrent qu'il n'y a que des distinctions purement rationnelles. Une telle doctrine ne pouvait triompher au moyen âge ; elle en heurtait toutes les tendances. Mais la pensée moderne s'y rattacha instinctivement. En fait, toute la philosophie des trois derniers siècles est nominaliste à ce point de vue. La véritable métaphysique en est morte, parce que s'il n'y a pas de distinctions réelles, il n'y a plus rien qui vaille la peine d'être étudié dans l'essence des choses. Le scepticisme seul a beau jeu. On est obligé de s'ap-

---

(1) « Dicamus igitur quod aliqua esse diversa contingit dupliciter : uno modo quia sunt distincta in esse, vel secundum esse actualis existentiæ, secundo modo quia sunt distincta secundum esse essentiæ. Hoc supposito dicitur quod omnia dicta Aristotelis et commentatoris currunt contra primum sensum qui falsus est si ad propositum applicetur... sed dicta commentatoris et philosophi non procedunt contra secundum sensum, qui verus est in proposito. » *Comment. sur les Sentences*, l. II, dist. 16, q. 1. Capréolus traite spécialement en cet endroit de la distinction de la matière et de la forme.

puyer sur les différences phénoménales et de fonder directement sur elles la démonstration des vérités capitales du spiritualisme. Mais les différences phénoménales sont rarement tranchées. On a dit très justement que la nature ne fait point de saut ; il n'y a presque aucun fait dont on ne puisse rapprocher quelque fait voisin plus ou moins analogue. La démonstration est donc toujours laborieuse ; l'ennemi n'est jamais hors de combat. Il n'y a d'argument absolument décisif que celui qui repose sur les différences essentielles.

Nous venons d'exposer l'historique de la controverse ; étudions maintenant la question en elle-même, et cherchons une solution qui réponde à la fois à ces deux nécessités : de maintenir l'unité de l'être, et de conserver une valeur objective aux distinctions métaphysiques.

Nous devons d'abord constater qu'il n'y a que deux modes fondamentaux de distinction : la distinction *réelle* et la distinction *de raison*. En effet, il n'y a pas de milieu. Ou les choses ne sont distinctes que dans l'esprit, et par rapport à la manière dont il les envisage, c'est alors la distinction *de raison*; ou il y a une différence dans les choses, différence qui subsisterait quand même l'esprit ne s'en occuperait pas, c'est la distinction *réelle*. On a voulu quelquefois présenter la distinction *formelle* des scotistes comme un intermédiaire. Ce point de vue est inadmissible. La distinction formelle doit nécessairement rentrer dans l'une des deux classes : distinctions réelles, ou distinctions de raison. Nous avons vu que Scot l'a employé de manière à la faire considérer comme une distinction purement rationnelle.

Mais s'il n'y a point d'intermédiaire entre les distinctions réelles et les distinctions de raison, il y a dans chaque classe des degrés différents, parce que les choses ne sont pas toujours distinctes de la même manière et au même point de vue. Ce sont ces degrés, les principaux du moins, qu'il s'agit d'indiquer de manière à donner satisfaction aux nombreuses objections dont cette doctrine si importante a été l'objet.

Commençons par la distinction *de raison*.

Il y a distinction de raison, avons-nous dit, quand la distinction proposée n'existe que dans l'intelligence et pour sa commodité. Nous avons souvent plusieurs manières d'exprimer le même objet. La loi même d'énonciation des idées nous y oblige, car toute pensée complète doit s'exprimer par une proposition, et toute proposition exige un sujet et un attribut. Il est des cas où le sujet et l'attribut représentent la même réalité identique ; nous la distinguons alors fictivement d'elle-même en l'envisageant sous deux aspects différents. Quand je dis : je suis un homme, *je* et *homme* expriment exactement la même réalité, envisagée, dans le premier cas, quant à sa valeur personnelle, et dans le second cas, quant à sa nature essentielle. Il en est de même toutes les fois que nous formons une définition, puisqu'une définition est ou doit être l'équivalent exact du sujet. Dans cette définition: l'homme est un animal raisonnable, les mots *homme* et *animal raisonnable* représentent exactement le même objet. Mais l'un, le mot *homme*, exprime la nature du sujet d'une manière générale, l'autre, *animal raisonnable*, exprime explicitement les caractères essentiels de cette nature. Dans tous ces cas, il y a distinction de pure raison, ce que les scolastiques appelaient *distinctio rationis ratiocinantis*, comme qui dirait : de la raison arrangeant les choses à sa mode, les pliant à ses commodités.

Nous proposerions en français l'expression plus courte de distinction *logique*. L'emploi de cette distinction résulte en effet de nécessités logiques, de la manière dont l'intelligence opère pour se rendre compte de ses pensées.

Il arrive, d'autres fois, que la raison distingue où il n'y a rien de distinct dans la chose, cependant par un motif objectif. La chose peut être une en elle-même, mais équivaloir à plusieurs, ou avoir avec plusieurs choses des rapports très caractéristiques. Nous lui donnons alors des noms différents, suivant que nous l'envisageons dans ses différentes équivalences ou dans ses divers rapports. Ainsi la nature divine est absolument simple et une, c'est un principe fondamental de la théodicée ; néanmoins elle doit renfermer en elle éminemment une foule de perfections diverses, puisqu'elle possède nécessairement tout ce qu'elle a donné aux créatures : *nemo dat quod non habet*. Pour exprimer d'une manière qui nous soit compréhensible son infinie valeur, nous devons donc, suivant les cas, lui donner le nom de toutes les perfections dont elle est l'auteur, ou de celles qu'elle manifeste plus particulièrement dans sa conduite à notre égard. Ainsi nous distinguons en elle la puissance, l'amour, l'intelligence, la justice, etc., tout en sachant et en démontrant qu'il n'y a en elle qu'un seul acte immanent, qui est à la fois son existence, son essence et la source de tous les biens qu'elle répand autour d'elle.

De même dans l'être créé nous distinguons trois propriétés différentes : unité, vérité, bonté. Ce n'est pas que nous nous imaginions que l'être est une chose, l'unité une autre, etc. Nous savons très bien que l'unité n'est pas autre chose que l'être considéré comme indivisible ; la vérité n'est que l'être considéré comme objet de l'intelligence ; la bonté n'est que l'être considéré comme objet de la volonté. Mais par ces divers noms nous indiquons plus explicitement certains aspects que le mot *être* seul ne nous suggérerait pas distinctement.

Ces distinctions sont appelées par les scolastiques *distinctio rationis ratiocinatæ*. Ce sont des distinctions de raison, parce que la chose est vraiment et absolument simple en elle-même ; mais ces distinctions sont imposées à l'esprit par la nature même des choses, nature dont il ne peut se rendre compte explicitement qu'à l'aide de ces distinctions. Elles ont un fondement dans la chose, *cum fundamento in re*, non dans une différence intime à la chose, mais dans ses équivalences et ses rapports. Elles sont l'œuvre de la raison seule, mais de la raison guidée, conduite par la réalité. Nous proposerions de les appeler en français distinctions *fondées*.

Ainsi nous pouvons établir deux espèces de distinction *de raison* : la distinction *logique* et la distinction *fondée*; celle qui n'est que dans l'esprit et pour la commodité de l'esprit, celle qui n'est que dans l'esprit mais pour mieux expliquer la nature des choses simples.

Les distinctions *réelles* nous présenteront également plusieurs classes fort différentes.

Il y a d'abord une distinction dans l'existence même. Elle a lieu quand les choses distinguées ont chacune une existence propre, qu'elles existent ou peuvent exister à part sans changement de leur état. C'est, on la reconnaît, la distinction réelle scotiste. La légitimité de cette distinction n'est pas contestable : elle existe entre un arbre et un autre arbre, entre un homme et un autre homme, en un mot, entre tous les objets physiques qui nous entourent. Aussi proposerions-nous de l'appeler distinction *physique*. Elle n'est pas partout aussi apparente que dans les exemples ci-dessus donnés. Ainsi, qu'il y ait distinction physique entre les rameaux d'un même arbre, c'est-à-dire qu'ils aient chacun une existence propre et, à un certain degré, indépendante, c'est une chose que l'on n'a pu constater qu'à l'aide de recherches assez approfondies. Il en est de même pour certaines colonies animales, telles que les coraux, les éponges, etc. Il existe des animaux, tels que le siphonophore, au sujet desquels on n'a pu encore décider s'ils sont un animal unique ou une réunion de plusieurs animaux.

La distinction *physique* n'est donc pas toujours nettement tranchée. Il y a des êtres dont l'existence est absolument distincte, d'autres dont l'existence, quoique distincte, est pourtant subordonnée. On pourrait à ce point de vue admettre deux sortes de distinctions physiques : la distinction physique complète et la distinction physique incomplète.

Mais je dois ajouter que la distinction *réelle*, ainsi comprise, n'a rien ou presque rien à faire en métaphysique. Elle se révèle ordinairement à l'observation. Point n'est besoin d'une analyse profonde et subtile pour la reconnaître.

La distinction vraiment métaphysique, celle que saint Thomas avait certainement en vue, selon nous, c'est une différence entre les essences, mais non entre les existences. Nous avons vu le saint docteur distinguer l'intelligence de l'essence substantielle, et faire de cette distinction la marque spéciale des intelligences créées. Est-ce qu'il a jamais pu se représenter l'intelligence comme un être greffé sur un autre être qu'on appellerait la substance ? Loin de là ; il dit lui-même que le sujet, sans sa passion propre, n'est ni possible, ni concevable : *subjectum sine propria passione nec possibile nec intelligibile* (1). Qu'y a-t-il de plus propre à l'âme que l'intelligence, et comment pourrait-on admettre qu'elle existât sans cet instrument nécessaire de sa destinée ?

Il y a donc des distinctions réelles dans l'essence des choses, sans distinction dans leur existence. Autre chose est l'intelligence, autre chose est l'essence substantielle, bien qu'il n'y ait qu'un seul être jouissant d'une existence unique et indivisible. C'est que dans la doctrine thomiste le mot *chose* n'a point la même valeur que dans la doctrine scotiste. Les vieux scolastiques dérivaient le mot *res*, chose, du mot *ratus*, fixé, déterminé. L'étymologie est mauvaise, mais elle marque bien leur intention, qui était d'indiquer par ce terme tout ce qui a un caractère, une nature, une définition distincte. C'est bien le cas de l'intelligence vis-à-vis de l'essence substantielle. L'intelligence a une autre valeur que la substance ; elle n'a ni la même définition, ni la même nature, ni le même rôle, ni les mêmes propriétés. Ce sont choses diverses, qu'il y ait ou non un esprit qui les considère. A part l'opinion que nous nous en formons, l'intelligence, dont l'acte propre est de penser, sera toujours différente de

(1) *De anima.*

l'essence substantielle, dont l'acte propre est simplement d'être. C'est la note caractéristique de la distinction *réelle*.

Mais, direz-vous, il est presque impossible de concevoir deux choses différentes ayant une seule existence commune ; du moment qu'on se les représente distinctes, on se les représente par là même existant à part. Cette objection repose sur une méprise, qui confond la conception de l'intelligence avec les représentations de l'imagination. Assurément, l'imagination est impuissante à nous présenter deux choses distinctes sans nous les présenter existant à part. — S'ensuit-il qu'un tel état de choses ne puisse être conçu ? On sait qu'en Dieu seul l'existence est déterminée par sa propre plénitude ; dans toutes les créatures, il faut qu'elle soit déterminée par un caractère spécial. On n'existe pas sans exister comme telle ou telle chose. Tout être est la réalisation d'un caractère déterminé. Mais cette détermination qui, théoriquement, peut être simple, pourquoi ne serait-elle pas souvent complexe ? pourquoi ne serait-elle pas composée de caractères subordonnés l'un à l'autre, nécessaires l'un à l'autre pour se soutenir mutuellement ? Telle est la manière dont les premiers scolastiques comprenaient les distinctions réelles : Un ensemble de caractères distincts l'un de l'autre, mais se complétant l'un l'autre, concourant tous ensemble à déterminer une seule et même existence, tous ensemble l'objet d'un seul et même acte de production. *Eadem productio terminari potest ad compositum includens multas entitates, dum tamen habeant unicam existentiam,* « le même acte de production, dit Capreolus, peut réaliser un composé comprenant plusieurs choses distinctes, pourvu qu'elles n'aient entre elles qu'une seule et même existence (1). » Billuart explique très bien le principe de ces distinctions. Il y a distinction réelle, dit-il, quand les définitions prises sur l'objet, ces définitions que nous avons appelées ailleurs objectives, sont différentes, *quæ habent proprias*

---

(1) Capréolus, *Comment. sur les Sentences*, l. II, dist. 16, q. 1.

definitiones traditas de re prout est in se (1). Ces définitions représentent en effet, si elles sont bien faites, la nature même des choses; et si ces natures sont différentes, les choses sont différentes en elles-mêmes. On ne doit donc pas être étonné, quand on voit les scolastiques parler tantôt comme si l'être était un, et tantôt comme s'il était complexe. Il est vraiment un dans son existence et dans toutes les conséquences qui se rattachent à l'existence ; il est complexe dans ses déterminations, en tant que ces déterminations s'appellent l'une l'autre pour former un tout qui seul existe.

N'avons-nous pas sous les yeux, dans notre expérience ordinaire, des exemples de cette unité d'existence dans la diversité réelle des caractères? On conteste la distinction réelle des facultés, mais on ne contestera pas, je pense, celle des actes. Ma pensée de tout à l'heure, qui est passée, était certainement différente de ma pensée actuelle et présente ; cependant je suis le même, j'ai la même existence, et ces pensées n'existent que de mon existence. Les trois dimensions d'un corps sont assurément distinctes, je les parcours chacune successivement ; cependant il est impossible qu'un corps existe sans les réaliser toutes les trois du même coup ; aucune ne pourrait subsister isolément sinon dans l'abstraction mathématique. Peut-il y avoir un mouvement qui n'ait à la fois une certaine vitesse et une certaine direction? Ces deux choses sont cependant tellement différentes, que je puis à mon gré changer la vitesse ou la direction. C'est une erreur de beaucoup de modernes, de croire que dans tous ces cas la distinction *fondée* suffit. Ils ne se rendent pas un compte exact de la valeur de la distinction fondée, et, comme le faisait Scot pour sa distinction formelle, ils confondent sous elle des circonstances tout à fait différentes. Si on les prenait au mot, les meilleurs arguments s'évanouiraient. Nous avons déjà signalé le problème de la différence entre l'homme et l'animal ; essayez

---

(1) *Cours de théol.*, t. II, diss. 2, art. 3.

de le résoudre, si vous ne mettez entre l'intelligence et la sensation qu'une distinction fondée. Distinction *fondée*, d'après la définition indiquée plus haut, veut dire qu'il n'y a en réalité qu'une seule et même faculté, que l'on considère par rapport à des applications différentes. Mais alors la faculté sensitive et la faculté intellectuelle sont essentiellement la même ; il n'y a de diversité que dans le mode d'emploi. Qui nous dit, dans cette hypothèse, qu'avec un concours heureux de circonstances, la faculté sensitive ne puisse pas étendre son exercice et l'animal devenir homme ? Et si vous me dites que dans l'homme la faculté de connaissance est unique mais différente de la faculté animale, en ce qu'elle équivaut à quelque chose de plus, je vous réponds qu'en ce cas vous n'avez aucune connaissance de la faculté animale, puisque vous n'en possédez aucun type, et que vous ne pouvez dès lors en assigner les limites. De toute manière votre argumentation est ruinée.

Il faut donc, de toute nécessité, que vous admettiez une distinction plus grande que la distinction fondée, une distinction qui, sans séparer les existences, sépare et distingue les différents caractères, les différentes natures des choses. C'est cette distinction que pratiquaient les premiers scolastiques. Mais, précisément parce que nous avons perdu l'habitude d'aller à l'essence des choses, parce que nous ne savons plus considérer que les faits bruts, nous ne savons plus apprécier ces différences dans l'essence ; nous ne saisissons de différence que dans les existences, et c'est pourquoi nous comprenons si mal la scolastique.

Quel nom donner à la distinction qui nous occupe ? Je commencerai par avouer que les Pères Grecs l'appelaient simplement une distinction *de raison*, κατ'ἐπίνοιαν. Ils avaient considéré d'abord que les choses ainsi distinguées n'existent séparément que dans l'esprit, ce qui est vrai. L'état de la controverse ne les avait pas encore mis dans la nécessité de constater ce que leurs différences ont d'absolument réel dans l'objet. Mais Pétau, dans ses

Dogmes théologiques, avait très bien remarqué que la distinction κατ'ἐπινοίαν des Pères est exactement la même que la distinction réelle des scolastiques (1).

Nous pourrions employer le terme de distinction *formelle*, sans nous éloigner de la réalité des choses. Ainsi que nous l'avons remarqué plus haut, ces distinctions sont entre les formes ou essences ; ce sont ces formes qui sont réellement distinctes. Billuart, qui n'est pas suspect de peu de zèle pour la doctrine thomiste, emploie souvent l'expression de distinction formelle, *formaliter distingui*, et Dominique Soto déclarait, au xvi° siècle, qu'il jugeait indifférent d'appeler ces distinctions réelles ou formelles. Pour lui, c'était une dispute de mot : *Forsan est disputare de nomine, appellare distinctionem realem aut formalem* (2).

Mais nous avouons une répugnance pour ce mot *formel*. Scot l'a discrédité, en l'employant à faux, et nous ne voudrions pas accepter la solidarité de ses conclusions.

Une très bonne dénomination, selon nous, serait l'expression de distinction *métaphysique*. Elle marque bien que cette distinction est à l'usage spécial des métaphysiciens, et elle s'oppose heureusement à l'expression de distinction *physique*, que nous avons adoptée plus haut pour représenter les différences dans l'existence même.

Mais le terme *métaphysique* est employé quelquefois par les scolastiques eux-mêmes dans le sens de logique. Ainsi on appelle forme métaphysique l'espèce par rapport au genre, entre lesquels il n'y a cependant qu'une distinction de raison. L'épithète *métaphysique* prêtera donc encore à une équivoque importante à dissiper, en ce moment où la tendance générale est de tout ramener à des distinctions de raison. C'est pourquoi nous jugeons opportun d'ajouter à cette épithète celle de *réelle*, pour bien montrer que les choses ainsi distin-

---
(1) L. I, ch. x.
(2) *Comment. sur les cat.*, ch. v, q. 1.

guées sont différentes dans la réalité même, que dans le fait l'une n'est pas l'autre en dehors de toute considération de l'intellect, encore qu'elles puissent constituer réunies un être indivisible et unique. Nous dirons distinction métaphysique réelle, ou plus brièvement distinction *réelle*, et nous y trouverons l'avantage de conformer notre langage à celui de la vieille scolastique.

Nous définissons donc la distinction *métaphysique réelle* une distinction entre chose et chose, *inter rem et rem*, entendant par ce mot les caractères, ou natures différentes, réalisés dans un même être et constatés par leurs définitions. Nous préférons le mot *chose* au mot *entité*, employé souvent par les scolastiques, parce qu'en français le mot *chose* se prête à un certain vague; tandis que le terme *entité*, dans notre langue, emporte toujours l'idée d'une existence distincte. C'est cette idée qu'il faut exclure à tout prix, si l'on veut faire taire les répugnances des modernes pour la philosophie de l'Ecole.

Nous avons admis deux espèces de distinction de raison, deux espèces de distinction physique, y aurait-il également deux espèces de distinction métaphysique ?

Oui, sans doute; il y en aurait même plusieurs, si l'on voulait entrer dans les dernières précisions.

Les scolastiques avaient établi dix catégories de choses, d'après la manière dont elles participent à l'existence, qui appartient en propre à la substance et par communication aux autres. Il est évident que chaque catégorie est distinguée de la substance d'une manière qui lui est propre, et ces nuances ont dû contribuer, selon que l'on envisageait plus particulièrement l'une ou l'autre, à créer ces distinctions si nombreuses, ex naturâ rei, virtuelle, modale, etc., dans lesquelles les professeurs de l'Ecole se sont trop souvent embrouillés. Une classification minutieuse obscurcit quelquefois la science autant que l'absence de toute classification. Nous croyons donc qu'il faut se borner aux grandes lignes, et à ce point de vue il suffit d'établir deux sortes de distinction métaphysique réelle.

On peut remarquer, en effet, qu'il y a, dans la nature, des choses dont la définition est complète en elle-même; non en ce sens qu'on puisse les définir concrètement, *in concreto*, sans indiquer le sujet, ceci n'est possible que pour les substances, mais en ce sens que l'idée que l'on s'en forme peut être conçue, sans impliquer l'idée d'une nature étrangère autrement que comme support. Ainsi, nous pouvons définir nettement la nature de l'intelligence, sans faire entrer dans notre définition le caractère spécifique de la substance ou celui de la volonté. C'est une chose distincte qui peut avoir besoin des autres, mais qui se comprend à part. Ce mode de distinction est celui qui nous a surtout préoccupé jusqu'ici; nous l'appellerons distinction métaphysique réelle *complète*.

Dans d'autres cas, l'idée d'une chose suppose et renferme nécessairement celle d'une autre, de telle sorte que la définition de celle-là n'est pas complète sans la définition de celle-ci. Tel le fait d'activité : je ne puis définir une activité que par l'acte qu'elle constitue ; sans cet acte, qui est son terme essentiel, je ne saurais la concevoir. Il y a réellement dans l'acte autre chose que l'activité, autre chose que l'exercice de la puissance active. Il y a le caractère propre de cet acte, le mode suivant lequel il se produit et qui peut souvent exister à part : l'idée, ou espèce intelligible, préexiste dans ma mémoire avant de devenir, par un exercice actuel, une manifestation de ma pensée ; l'effet d'une cause peut durer, comme propriété, après le moment de la production. Il y a là plus qu'une distinction fondée. Cet effet, dans l'instant où il se produit, cette espèce intelligible, dans l'instant où elle est manifestée, a réellement un trait ajouté, une manière plus particulière d'exister, une énergie nouvelle et passagère qui n'est pas comprise dans sa définition essentielle.

Le mot *chose*, que nous avons employé plus haut, est trop précis pour désigner ce qui est ainsi ajouté. Bien qu'il s'agisse d'une circonstance réelle complétant réellement une essence et lui donnant plus qu'elle ne peut tirer d'elle-même, cette circonstance est en soi insubsistante et inconcevable sans la chose qu'elle complète. Elle ne vaut qu'en s'y attachant. Nous nous contenterons de l'appeler quelque chose, *aliud quid*. Ainsi nous dirons que l'intelligence est une chose et la volonté une autre; mais nous dirons que l'activité est quelque chose de distinct de son terme, et nous ne mettrons ici qu'une distinction métaphysique *incomplète*.

Ce quelque chose dont nous parlons, les scolastiques l'ont souvent appelé *mode*, et la distinction qui s'y réfère a été appelée quelquefois distinction *modale* (1). J'accepterais volontiers ce terme, si Suarez, qui l'a créé, n'en avait fait un usage par trop subtil. Il mettait, par exemple, une distinction modale entre la forme et son inhérence à la matière. J'avoue ne pouvoir comprendre ici la nécessité d'un mode particulier; l'inhérence est la conséquence nécessaire de l'existence commune et comprise en elle.

Dans le choix des termes, on est obligé de tenir compte, non seulement de leur valeur intrinsèque, mais aussi des idées plus ou moins justes, plus ou moins scientifiques qui leur ont été accolées par la tradition. La matière des distinctions métaphysiques a été très obscurcie par suite du conflit des écoles, et nous n'avons vu qu'un moyen de la débrouiller : accepter, en les définissant soigneusement, des termes nouveaux.

Nous admettons en définitive six espèces de distinctions, quatre de distinctions réelles, et deux de distinctions de raison :

1° *La distinction physique complète*, entre deux entités ayant chacune son existence propre et indépendante.

2° *La distinction physique incomplète*, entre deux entités ayant une existence distincte, mais dont l'une dépend de l'autre quant à l'existence;

3° *La distinction métaphysique complète*, entre deux

---

(1) Billuart, *Cours de théol.*, t. I, diss. 2, art. 3.

choses ayant une existence commune, mais des définitions distinctes qui représentent leur nature objective.

4° *La distinction métaphysique incomplète*, entre une chose et quelque chose qui y ajoute réellement, mais ne peut se concevoir isolément.

5° *La distinction fondée*, entre deux notions qui représentent une même chose par rapport à diverses équivalences ou diverses relations ;

6° *La distinction logique*, entre deux notions qui représentent une même chose de manières différentes.

De toutes ces distinctions, il n'y a guère que la troisième, la quatrième et la cinquième qui soient d'usage en métaphysique.

Nous avons vu que la métaphysique a pour méthode l'analyse objective, nous avons vu que nous possédons des connaissances objectives sur lesquelles cette analyse peut s'exercer, nous avons vu enfin la valeur des distinctions que cette analyse met au jour. Nous pouvons entrer maintenant dans le vif de notre sujet, qui est d'expliquer la complexité de l'être tel que le comprenaient les scolastiques et leur maître Aristote.

CHAPITRE IV

DE L'ACTE ET DE LA PUISSANCE

Dans les sciences physiologiques, quand on veut donner aux débutants l'idée d'un organe qu'ils n'ont pas encore étudié, on commence par leur en tracer ce que l'on appelle une *figure schématique*. Cette figure exprime par quelques lignes les traits essentiels de l'organe dont on examinera ensuite les détails. Elle peut être plus ou moins abrégée, suivant le degré de généralité auquel on s'élève. Ainsi on peut faire un schéma de chaque organe des sens en particulier, et un schéma plus résumé encore représentant, d'une manière générale, tout organe des sens. Ce procédé a le grand avantage de donner aux jeunes gens une idée nette du caractère fondamental de l'objet mis à l'étude, et de leur communiquer tout d'abord une notion directrice à laquelle ils devront rapporter tout ce qui leur sera enseigné.

Aristote a fait quelque chose d'analogue. Sa métaphysique n'est, pour ainsi dire, que la réunion de plusieurs schémas représentant, par quelques traits généraux, les conditions essentielles dont le concours constitue les êtres ; aux sciences particulières appartiennent les détails. Mais il y a joint un schéma plus général que tous les autres, qui les résume tous par un trait commun et essentiel à tous : c'est la théorie de l'*acte* et de la *puissance*. Cette théorie est fondamentale dans la doctrine d'Aristote ; elle explique toutes les autres, et l'on ne peut se flatter de comprendre à fond les enseignements du péripatétisme, si l'on ne s'en est fait une idée exacte. Les scolastiques l'appliquent sans cesse ; mais il est rare qu'on l'examine à part et qu'on en relève toute la valeur.

Les modernes sont très portés à regarder cette théorie comme inutile. Elle n'apprend rien, dit-on. Quand on a dit qu'une chose est tirée de la puissance d'une autre, que sait-on de plus ? N'est-ce pas une manière de dissimuler par un mot son ignorance sur le mode de production des choses ? — Cette observation n'est pas exacte de tout point. Il est très vrai ; quand on dit qu'une chose est sortie de la puissance d'une autre, on n'indique point d'une manière précise son mode de production. Une telle explication est toute verbale, si nous n'avons quelque motif particulier de considérer une chose comme ayant la capacité de faire ou de devenir une autre chose ; et je ne voudrais pas nier que certains scolastiques n'aient jeté quelquefois cette formule assez étourdiment pour se tirer d'embarras. Mais lorsqu'il y a indication naturelle qu'une chose est capable de donner ou de recevoir, ce n'est plus une explication verbale ; c'est la constatation d'un fait, fait représenté précisément par son côté le plus élevé, par le caractère fondamental qui constitue la vie des choses. Qu'est-ce que la vie, au point de vue le plus général, sinon un être faisant passer à l'acte la puissance qui est en lui ?

J'ai dit ailleurs qu'Aristote était le premier auteur de la doctrine de l'évolution. La théorie de l'*acte* et de la *puissance* est la plus parfaite formule de cette doctrine. L'évolution n'est pas autre chose qu'un être développant une *puissance*, arrivant à un *acte* plus complet ; c'est l'acte de ce qui est en puissance, suivant la fameuse définition d'Aristote : définition vague et insignifiante, si on l'entend du mouvement local, mais saisissante de vérité, si on l'entend, comme son auteur, de ce *devenir* incessant qui anime tout l'univers. Il semble donc que cette théorie, par son analogie avec les doctrines modernes, par la grandeur des horizons qu'elle ouvre, par l'impression qu'elle donne de réalité forte et vivante, était de nature à se concilier l'admiration des modernes, s'ils en avaient pénétré le sens.

Aucune théorie n'est plus essentiellement péripatéticienne que celle-là. L'idée des changements substantiels se trouve, dès le début de la philosophie, chez les philosophes ioniens. L'idée de matière se trouve dans Platon mieux définie peut être que dans Aristote. La forme substantielle d'Aristote joue le même rôle que l'idée de Platon. Le philosophe de Stagire ne craint pas d'employer en métaphysique le mot idée, εἶδος ; il combat seulement, et avec beaucoup de raison, la théorie des idées séparées. Mais je ne trouve chez aucun autre chef d'école la *théorie de l'acte et de la puissance* telle que l'a conçue Aristote. Serait-ce le *devenir* incessant d'Héraclite ? La doctrine d'Héraclite est trop peu connue pour pouvoir décider si elle a servi de fondement à celle d'Aristote. Quant à Hegel, sa théorie du *devenir* est aussi obscure que celle d'Aristote est claire. Pour Hegel, le devenir, *das Werden*, n'est qu'un mélange de l'être et du non-être fondus dans une synthèse contradictoire. Pour Aristote, tout être est incomplet primitivement, et en puissance à un acte qui le complète. La théorie de Hegel est fondée sur la notion stérile de l'être ; la théorie d'Aristote est fondée sur la notion féconde de production et d'activité.

Essayons de donner une idée de cette belle théorie, et précisons d'abord la valeur exacte des termes. Avec Aristote, c'est toujours par là qu'il faut commencer.

Que signifie le terme : *puissance* ?

Dans la théorie scolastique il y a deux sortes de puissances. L'une est la simple possibilité d'une chose qui ne renferme en soi rien de contradictoire. Ainsi un cercle carré est impossible ; ces deux caractères, cercle et carré, s'excluent l'un l'autre. Mais une montagne d'or est possible, bien qu'il n'en existe pas dans la nature; la notion d'or et celle de montagne n'ont rien d'incompatible. Il va de soi que tout ce qui existe était préalablement possible; l'union des contradictoires ne saurait être réalisée. Cette possibilité s'appelle dans l'école *puissance objective*, parce qu'elle s'applique à la chose tout d'abord en tant qu'objet de la pensée, en tant qu'elle est concevable par l'intelligence. Elle n'est rien de particulier dans la chose; elle indique seulement que sa nature n'a rien de contradictoire en soi.

Le mot *objectif* ayant été employé par les modernes dans une tout autre acception, nous proposerions de remplacer en français l'expression de *puissance objective*, qui peut occasionner des équivoques, par celle de *puissance logique*, parce que cette puissance existe d'abord dans l'être considéré par l'esprit indépendamment de son existence réelle, ou par celle de *puissance formelle*, parce qu'elle concerne la forme ou essence de la chose.

A la puissance objective les scolastiques opposaient la *puissance subjective*. Celle-ci existe hors de la pensée dans un sujet; de là son nom. Nous voici encore en face d'un terme auquel on est habitué à donner une signification bien différente. On pourrait dire en français *puissance réelle*, parce que cette puissance se trouve toujours en quelque chose de réel. Je reconnais toutefois que ce terme est critiquable. Heureusement il est peu utile, cette puissance étant divisée en deux autres, les seules dont on traite habituellement : la *puissance passive* et la *puissance active*.

La *puissance passive* se définit : la capacité de recevoir. Dans un sens très large, on peut l'appliquer à tout accident qui survient; je suis en puissance *passive* de mourir, d'être malade, etc. Mais dans l'usage scolastique on ne l'applique qu'aux circonstances qui complètent ou perfectionnent une chose. Ainsi l'œil est en puissance à l'acte de vision, l'eau est en puissance à la chaleur. La puissance passive suppose toujours un sujet; il n'y a que ce qui existe qui puisse recevoir. Elle n'est point quelque chose de distinct de ce sujet ou qui lui soit ajouté. C'est par sa nature même que le sujet est capable de recevoir une détermination ultérieure. Ainsi, c'est par sa nature qu'un marbre est capable de devenir une statue sous le ciseau du sculpteur. La puissance passive suppose un sujet incomplet en lui-même ayant besoin d'un complément.

La *puissance active* est la capacité de faire, de donner la réalité à quelque chose de possible. La puissance active n'existe également que dans un sujet, mais elle ajoute à ce sujet quelque chose de plus. Par sa nature propre, le sujet n'a que l'existence; avoir la puissance active, pouvoir agir est une circonstance nouvelle; dans les êtres vivants on l'appelle *faculté*. Nous aurons à revenir plus tard sur la preuve si profonde que donne saint Thomas de la distinction réelle entre l'être et sa faculté. Bornons-nous ici à constater que la faculté ajoute quelque chose à l'être, et à indiquer de quelle manière elle entre en action, car on sait qu'elle ne s'exerce pas continuellement.

Toute puissance *active*, pour produire un fait, pour se développer, a besoin de deux choses. Il faut d'abord un caractère spécial qui détermine le fait produit. Il n'y a guère de puissance active qui soit déterminée, par nature, à un seul acte et à un seul objet; le plus souvent il y a une certaine latitude, et cette latitude doit être fixée par quelque circonstance, car rien d'indéterminé ne peut se produire : je ne puis penser sans penser à un objet particulier, il faut une détermination spéciale qui applique ma pensée à tel objet. En second lieu, une faculté peut avoir toutes ses déterminations et ne pas entrer en exercice ; elle attend une impulsion. L'idée que j'ai dans ma mémoire est à ma disposition ; mais il faut, pour l'évoquer, ou ma volonté, ou quelque circonstance extérieure qui provoque le souvenir. Dans les facultés des êtres créés, ces deux conditions, détermination et impulsion, viennent le plus souvent du dehors. Ces facultés sont donc passives en même temps qu'actives; elles ont besoin de recevoir avant de donner. La volonté qui, une fois déterminée à son premier acte, peut mettre en mouvement l'intelligence pour rechercher les autres déterminations dont elle a besoin, est la faculté le plus purement active que nous connaissions.

La puissance active considérée dans son exercice est ce qu'on appelle la *causalité*, et le sujet de la puissance active, quand elle a réalisé quelque objet, est dit *cause*. Cette puissance est le fondement de toutes les autres ; toutes sont dites puissances par rapport à la puissance active, comme l'a très bien expliqué le R. P. de Régnon (1). La puissance passive serait inutile sans la puissance active ; sans elle, la puissance logique serait absolument stérile. Que servirait la possibilité des choses ou la capacité de recevoir, s'il n'y avait une puissance pour faire ou pour donner ?

La *puissance* active mène à l'*acte* qui est le terme de son exercice. Ces deux mots sont corrélatifs et ne peuvent se définir que l'un par l'autre. Un même acte répond aux trois puissances : à la puissance logique, parce qu'il est possible ; à la puissance passive, en tant qu'il est reçu dans un sujet ; à la puissance active, dont il est le but essentiel. Il n'y a donc pas plusieurs natures d'acte répondant aux diverses natures de puissance. Toutefois il y a plusieurs degrés d'acte : ce sont comme les échelons successifs par lesquels l'être s'élève à la plus haute perfection dont il est capable.

Le premier degré, c'est l'acte entitatif, la simple existence des choses. Pour caractériser ce qui existe, on dit souvent, dans le langage scolastique, *ens in actu*, être en acte, d'où l'expression moderne *être actuellement*. Cette expression témoigne d'une parenté intime entre l'existence et l'action, parenté qu'Aristote a seul aperçue. Assurément ces deux notions sont fort différentes l'une de l'autre. L'action est féconde ; l'existence d'elle-même est stérile. L'action est momentanée, et va d'une

(1) *Métaphysique des causes*, p. 245.

chose à une autre ; l'existence est stable et immuable en son être. Mais si nous regardons plus profondément, nous trouvons quelque chose de commun, quelque chose qu'Aristote exprimait par le beau mot d'énergie, ἐνεργεία. Oui, l'action est un développement de puissance et d'énergie ; mais l'énergie n'est pas non plus absente de la simple existence. N'est-ce rien que de se poser dans l'ordre réel, et de se maintenir contre le néant? L'être n'est donc pas sans une énergie qui le pose ; il est en quelque manière, comme nous le verrons plus tard, cette énergie même ; il est l'exercice et l'application de quelque puissance. Il est une œuvre, ἔργον. En ce sens, il est comme une première trace, un premier degré d'activité.

L'être est une œuvre, ἐνεργεία. N'est-ce pas avouer implicitement la création? N'est-ce pas poser dès le début cette idée de mouvement et d'évolution qui anime toute la philosophie d'Aristote? Et Platon a-t-il rien de plus beau que cette conception puissante, qui va noter, jusque dans les profondeurs les plus silencieuses de l'être, les premières palpitations de la vie?

L'acte premier complète l'acte entitatif; il n'est plus simplement le sujet existant ; il suppose le sujet tout prêt, armé de toutes pièces, muni de tout ce qui est nécessaire pour l'action. Ainsi l'âme toute nue, simplement existante, n'a que l'acte entitatif. Quand elle est munie de l'intelligence, et quand cette intelligence a reçu la détermination qui la dispose à telle pensée, alors cette pensée est en *acte premier* ; c'est-à-dire qu'elle est toute prête, qu'il ne manque plus que l'impulsion et l'exercice. De même la graine est quelque chose de vivant; mais la vie végétative ne s'y manifeste pas encore, elle attend le concours de la chaleur et de l'humidité ; elle n'y est qu'en acte premier. Vienne le concours espéré, l'impulsion attendue, alors apparaît l'acte définitif ou *acte second*. C'est l'opération elle-même, c'est le dernier terme de la puissance, c'est le but de la vie.

L'acte entitatif n'est pas complet, il ne fait que poser un principe, un fondement stérile par lui-même. L'acte premier n'est pas complet, il est mêlé de puissance, il attend quelque chose de plus parfait. L'acte second est complet, c'est le terme de l'évolution. L'être qui a accompli l'acte second a rempli, au moins momentanément, sa destinée. Il est parfait, achevé, il est en acte, ἐντελέχεια, selon le langage d'Aristote.

Vous le voyez, la *théorie de la puissance et de l'acte* n'est pas autre chose que l'histoire abrégée, schématique et générale de chaque être. Tout ce qui nous entoure va de la puissance à l'acte, et n'a quelque valeur qu'en tant qu'il arrive à l'acte. Et nous-mêmes, en voulant, en réfléchissant, en travaillant, que faisons-nous autre chose, sinon de faire passer incessamment à l'acte quelque puissance déposée en nous-mêmes? C'est le mouvement général des êtres de leur principe vers leur fin; c'est le cycle de la vie universelle.

Ce cycle doit toujours commencer par un *acte;* car si l'acte suppose une puissance, nous avons vu que la puissance doit préexister dans un sujet qui est en acte. Mais la série ne peut être indéfinie. Il faut donc arriver tôt ou tard à un premier acte, à un acte qui n'ait pas besoin de puissance, à un acte pur. Nous avons beau regarder autour de nous, nous ne voyons pas un tel acte. Tous ceux que nous connaissons pourraient ne pas être. Il y a eu un moment, au moins logique, où ils n'étaient qu'en puissance. Il faut donc remonter à un acte identique avec l'énergie qui l'actualise, qui se pose par lui-même, qui est à la fois sa propre existence et sa propre vie. De tous les actes que nous connaissons, il n'y en a pas de plus élevé que la pensée, et c'est pourquoi Aristote a choisi la pensée pour représenter ce premier acte éternel. Il a dit : c'est *une pensée qui se pense elle-même,* formule qu'aucun philosophe non chrétien n'a égalée.

Peut-être Aristote a-t-il été incomplet; peut-être a-t-il trop conçu cette pensée comme quelque chose qui attire et non comme quelque chose qui veut et qui produit. Il avait compris que le premier moteur devait être immobile ; mais la vertu d'attraction était le seul exemple que lui donnât la nature d'un mouvement provoqué par une cause immobile elle-même. Il ne paraît pas s'être élevé plus haut. Il n'a pas dégagé assez nettement l'idée d'une vertu supérieure créant l'impulsion du fond de sa propre immobilité. Toujours est-il qu'il a donné de Dieu la plus belle définition qui existe en dehors de l'Evangile.

Voilà, indiquée à grands traits, cette belle théorie de l'acte et de la puissance.

Peut-on n'y voir qu'une formule sèche et inutile ? N'est-ce rien que de condenser dans une expression aussi exacte que saisissante tout ce qu'il y a dans les choses d'activité et de vie ? Oh ! je le sais, les scolastiques ont souvent négligé ces aperçus élevés ; trop souvent ils se sont enfermés dans un dédale d'abstractions, dans des séries interminables de formules, où ils oubliaient les vues d'ensemble, et je crois que plusieurs difficultés eussent été plus facilement et plus nettement résolues si on les avait envisagées dans leur milieu réel et vivant. Mais ce n'est pas la faute d'Aristote, ce n'est pas la faute des grands scolastiques, si leurs disciples n'ont pas toujours su se maintenir sur les hauts sommets.

Quoi qu'il en soit, il est indispensable de connaître cette théorie pour lire les ouvrages des grands scolastiques ; ils en font un usage continuel, et toutes leurs solutions s'en inspirent. Toutes les notions scolastiques que nous aurons à étudier sont pour ainsi dire des cas particuliers de l'acte et de la puissance : l'existence est un acte dont l'essence est la puissance, la forme est un acte dont la matière est la puissance, la pensée est un acte dont l'intelligence est la puissance, etc. Aucune théorie ne se comprend bien qu'en se plaçant à ce point de vue ; et si les doctrines du moyen âge ont paru subtilement absurdes à certains modernes, c'est précisément parce qu'ils ont négligé de les rapprocher de la grande théorie génératrice de toutes les autres. La complexité de l'être est absurde. si on la considère comme formée d'éléments parfaits; elle s'explique très bien, si chaque élément n'est que le développement ou le complément de la puissance existant dans un autre élement; et elle sert admirablement à nous faire pénétrer dans le mécanisme intérieur de la substance individuelle, inaccessible à toute autre philosophie.

La doctrine d'Aristote mérite d'autant plus d'être relevée qu'elle a un pendant tout analogue dans une doctrine physique récente et déjà célèbre. Il n'y a pas plus de trente ans, un mécanicien russe, Rankine, a imaginé de donner un nom commun au mouvement et à sa possibilité. Ce nom, il l'a pris à Aristote, c'est celui même d'*énergie*. Il a appelé énergie non seulement le mouvement ou le travail, mais d'une manière générale la capacité de tout mouvement ou de tout travail, que cette capacité soit ou non réalisée. Par là il a donné le moyen d'exprimer sous un point de vue très général les phénomènes de l'univers, de mettre en relief l'équivalence de ces phénomènes, chaque mouvement qui cesse étant remplacé ou par un autre mouvement ou par la possibilité d'un autre mouvement. On se représente donc l'énergie comme quelque chose qui se conserve toujours, mais qui se transforme, passant à chaque instant par des manifestations diverses, quoique équivalentes, et établissant, dans le monde des corps, comme une immense circulation de force.

N'y a-t-il pas un rapport étroit entre cette théorie physique et la théorie métaphysique d'Aristote? Celle-ci ne nous représente-t-elle pas également dans un ordre supérieur et d'une manière plus élevée une immense circulation de mouvement et de vie animant tout l'univers? Ne nous montre-t-elle pas la puissance passant sans cesse par des manifestations successives, se transformant incessamment d'un acte en un autre acte et pénétrant toutes choses d'une énergie féconde?

Platon n'avait point de ces pensées. Il n'aimait pas le monde présent, le tumulte des choses le fatiguait, et il préférait chercher plus haut la vérité sereine et tranquille. Aristote se plaît au contraire à cette agitation créatrice. Pour lui rien de mort, rien d'inactif. Sous la tranquillité apparente de la nature physique, il devine le tourbillon qui entraîne les choses à leur fin. Il a rendu son impression dans une formule succincte et énergique, et cette formule ne paraît vide qu'à ceux qui la répètent sans se pénétrer de son sens profond. Le monde de Platon, c'est le soleil éclairant les cieux d'une lumière splendide mais immobile. Le monde d'Aristote, c'est le soleil envoyant à la terre une chaleur bienfaisante qui excite et vivifie tout.

Ainsi la science est revenue par un détour, en ce qui concerne le monde physique, à la pensée mère de la philosophie d'Aristote. Mais tandis que nous y sommes revenus à force d'expériences et de calculs, et par la nécessité de caractériser plus facilement certains phénomènes, Aristote y avait atteint, il y a deux mille ans, par la seule force d'une méditation profonde et d'une intuition de génie. Si nous voulions insister sur la comparaison, nous trouverions des ressemblances singulières jusque dans les détails. L'énergie *potentielle*, n'est-ce pas la puissance toute nue préexistant dans le sujet? L'énergie *actuelle*, n'est-ce pas l'acte même manifestant la puissance? L'énergie *latente* et l'énergie *visible*, ne sont-elles pas entre elles comme l'acte premier et l'acte second? Ces analogies ne sauraient étonner, si l'on pense que le monde des corps repose sur le monde de l'esprit et en est comme une émanation et une image.

Et non seulement les deux théories ont une analogie profonde, mais elles offrent les mêmes dangers et doivent éviter les mêmes abus. En physique on s'explique trop souvent comme si l'*énergie* était une réalité allant d'une chose à une autre. On a dit quelquefois que l'énergie du soleil a passé dans la houille et de là dans nos foyers. Si l'on veut faire image, il n'y a pas d'inconvénient à parler ainsi; mais si l'on veut énoncer une vérité physique, il faut prendre garde qu'on l'exagère. En réalité, il n'y a rien qui passe d'une chose à l'autre. L'énergie n'est pas une chose distincte ; c'est un caractère général qui se retrouve partout, parce qu'elle résulte de la permanence de la matière et de ses forces. Celles-ci cessent-elles d'être appliquées d'un côté, elles s'appliquent d'un autre en quantité strictement équivalente. Il n'y a donc pas quelque chose passant du soleil dans la houille, mais il y a un état du rayonnement solaire, qui a provoqué un état équivalent dans la houille, et celui-ci ne pourra être détruit qu'en reproduisant un état équivalent à celui qui lui a donné naissance. L'équivalence permanente des phénomènes, voilà tout ce que nous enseigne la théorie de l'énergie. Y voir autre chose, ce serait s'exposer à restaurer une espèce d'âme du monde, qui pourrait favoriser un certain panthéisme matérialiste, mais qui dépasserait étrangement les limites de l'observation scientifique.

De même, si l'on voulait exagérer la notion de *puissance* telle que nous l'avons représentée, si l'on voulait faire de la puissance un quelque chose d'intime, fond commun de tout l'univers, on s'exposerait gravement au panthéisme. Mais telle n'a pas été la pensée d'Aristote. La puissance n'est pas à ses yeux une chose, c'est un caractère général des choses, un caractère qui se retrouve au fond de toutes, sans empêcher leur diversité essentielle. Aussi, en même temps qu'il dit que tout est puissance et acte, Aristote a soin d'ajouter que les principes des choses diverses sont divers, ἀλλὰ ἄλλων ἐστι τὰ στοιχεῖα. Il n'y a donc pas une chose qui est puissance et qui se transforme en toutes les autres ; il y a des choses qui sont tantôt en puissance, tantôt en acte. Ce terme général de *puissance* a cependant un grand avantage, parce qu'il permet d'exprimer d'une manière philosophique l'évolution incessante de l'univers.

Et cependant n'est-il pas naturel de penser que ce caractère général des choses est l'indication de quelque unité primitive, d'une source cachée d'où la vie s'épancherait sur tout l'univers? De même qu'il y a sous l'énergie physique un fond réel, la permanence de la matière avec ses forces, n'y aurait-il pas aussi dans cette activité incessante du monde la manifestation d'une réalité fondamentale, d'un principe intime et premier qui l'entretient sans s'épuiser jamais? C'est un point de vue qu'Aristote paraît avoir un peu négligé. Saint Thomas l'a mis en pleine lumière. Oui, il y a un principe premier qui anime le monde créé, principe à la fois immanent à toutes choses et distinct de toutes choses. Ce principe, c'est l'énergie divine elle-même. Lisez les belles théories de la question CIV de la *Somme théologique*, vous y verrez la doctrine d'Aristote transfigurée par le christianisme. C'est ici que l'on sent un principe vivant, pénétrant tout, dirigeant tout et renouvelant incessamment toutes choses. Dieu est aux êtres créés une cause à la fois supérieure et intime. Il leur est supérieur, parce qu'il est un acte simple dans son éternelle immutabilité ; il leur est intime, parce que leur essence même n'existe que de son efficacité. Il fait tout avec sa créature, parce que sa créature ne peut rien que par lui. Il crée tout, il met tout en mouvement, il applique tout à son but. Voilà la vraie doctrine de l'évolution chrétienne ; non celle qui fait sortir l'être du néant, la vie de l'être, l'intelligence de la vie animale, tirant toujours le plus du moins par un miracle impossible ; mais celle qui tire le moins du plus, qui permet à la nature de monter très haut, parce que son principe est plus haut encore. Oui, je veux que tout agisse, que tout s'élève, que tout se transforme, mais parce que je vois au point de départ un Dieu qui donne tout, qui conduit tout et qui incline tout à des fins plus élevées que nos pensées.

CHAPITRE V

DE L'EXISTENCE ET DE L'ESSENCE

Nous l'avons dit dès le début de ces études, les scolastiques admettent dans les êtres créés une certaine complexité essentielle ; ils reconnaissent, dans chaque individu complet, plusieurs éléments réellement distincts. Nous avons vu dans le chapitre précédent un caractère premier et fondamental de ces éléments, celui d'être l'un à l'autre comme l'acte est à la puissance. Ce caractère explique leur multiplicité, la justifie et, comme nous le démontrerons plus loin, la ramène à l'unité.

Il s'agit, en ce moment, de nous rendre compte en détail de cette multiplicité, de la prouver et d'en signaler les principales conséquences.

Les scolastiques ont admis trois degrés de complexité dans l'être : premièrement, la complexité de la matière et de la forme, qui constitue l'essence ; secondement, la complexité de l'essence et de l'existence, qui constitue la substance première et actuelle, qui donne ce que nous avons appelé plus haut l'acte entitatif ; troisièmement, la complexité de la substance et de l'accident, qui achève l'individu et le met en l'état que nous avons appelé acte premier. Quant à l'acte second nous n'avons pas à nous en occuper pour le moment ; il résulte de l'opération, et nous n'étudions ici que les personnes et les choses indépendamment de leurs opérations.

De ces trois degrés, deux sont essentiels à tous les

êtres créés : la complexité de l'existence et de l'essence, et la complexité de la substance et de l'accident. La complexité de la matière et de la forme n'est pas indispensable, l'essence d'une créature peut être simple ; mais elle est le caractère fondamental de toutes les substances matérielles. Cette considération nous engage à étudier d'abord la complexité de l'*existence* et de l'*essence*, qui s'étend à toute la création. Nous traiterons ensuite de la matière et de la forme, dont l'union constitue l'essence des corps.

L'*existence* est-elle distincte de l'*essence?* Logiquement, on n'en saurait douter. Notre esprit, en possession de son développement naturel, distingue toujours la chose de l'existence qui lui est attribuée. Le langage en témoigne, et la nature même de la proposition repose sur cette distinction. Nous ne saurions énoncer un fait perçu, exprimer un sens complet, sans employer au moins deux mots : le nom même de ce fait et l'affirmation qu'il est.

Comment l'enfant comprend-il ce mot *est?* On peut lui montrer le soleil, un arbre, un homme, en les nommant, et lui indiquer ainsi le sens des mots soleil, arbre, homme. Mais l'être ne saurait se montrer, ce n'est point quelque chose de tangible ou qu'on puisse indiquer à part. Je pense que l'enfant, quand il apprend à parler, ne saisit pas d'abord les mots isolés, mais les propositions en bloc. Dans son esprit, parce qu'il est de nature humaine, il possède implicitement la *faculté* d'atteindre l'idée d'être ; dès qu'il voit un objet, il voit par là même qu'il est ; il ne peut toutefois isoler les deux notions, parce qu'il possède l'une par l'autre et l'une dans l'autre. Mais quand, en voyant un arbre, il entend dire : cet arbre est beau, la proposition se moule sur sa pensée, chaque terme s'applique à la notion correspondante. Quand il a entendu plusieurs énonciations pareilles, il a reconnu facilement l'idée qui correspond constamment au mot *est* ; il a l'idée *d'être* explicite. Dès lors il n'hésite plus ; vous pouvez lui dire : *Dieu existe*, il comprendra.

Quoi qu'il en soit, nous voyons à chaque instant les choses acquérir ou perdre l'existence. Est-ce la nature même de la chose, que nous concevons changée? Non, nous y reconnaissons toujours les mêmes éléments et les mêmes conditions. Nous nous la représentons toujours la même tout entière, qu'elle existe ou qu'elle n'existe pas. L'existence est donc autre chose que la nature ou essence ; c'est une circonstance ajoutée, circonstance capitale, nous en convenons, circonstance qui fait la chose réelle et actuelle, mais qui ne la fait pas autre.

Puisque ces deux concepts sont distincts, étudions-les successivement.

Qu'est-ce que l'*essence?* Tout à l'heure nous l'avons appelée nature, parce que ce terme est plus connu du vulgaire. En philosophie, on fait une distinction entre les deux mots. On appelle nature le fond premier de l'être en tant qu'il est le principe des facultés et des opérations; on appelle essence le même fond en tant qu'il est réalisé par l'existence. Le mot *essence* dérive du mot latin *esse*, et signifie ce qui a l'être. L'essence est comme la puissance dont l'existence est l'acte. Sans l'existence, elle n'a qu'une valeur idéale dans l'intelligence divine ou dans la nôtre; elle est un simple possible. Avec l'existence, elle est réelle. Nous avons remarqué, dans un précédent article, que l'indéterminé est impossible, que rien ne peut être sans être déterminé, sans être telle ou telle chose; l'essence est ce qui fait que la chose est telle.

Dans l'acception la plus large, le mot *essence* ne s'applique pas seulement à la substance. Tout ce qui est a son essence, en tant qu'il est déterminé. Les propriétés des corps, les actions de l'âme ont leur essence; par là chacune d'elles est telle propriété et non telle autre, telle action et non telle autre. Nous savons déjà que beaucoup de ces essences nous sont connues immédiatement par intuition. Nous concevons ce qu'est agir, connaître, vouloir; nous concevons ce qu'est rouge, vert, jaune, doux, amer ; ce qu'est couleur, chaleur, son, odeur, etc., choses indéfinissables précisément parce qu'elles forment les notions avec lesquelles nous définissons toutes choses.

Il y a donc lieu de distinguer deux sortes d'essences : les essences secondaires et accidentelles, telles que celles que nous venons d'énumérer, et les essences substantielles. Celles-ci ne nous sont représentées que par leurs définitions. Je n'en connais aucune qui soit appréhendée directement et dans sa nature propre. Saint Thomas l'avoue expressément. Pour l'âme, il enseigne qu'elle n'est connue que par son acte ; *se per suum actum cognoscit intellectus noster* (1). Aussi fait-on, dit-il, de nombreuses erreurs sur la nature de l'âme, *multi naturam animæ ignorant* (2), et pour la bien comprendre il faut, remarque le saint docteur, une étude approfondie. Il en est de même de la nature des corps, puisque les sens ne nous révèlent que les qualités sensibles et non la substance. Aussi saint Thomas convient que le plus souvent on ne peut définir les substances par leurs différences essentielles, mais seulement par leurs propriétés accidentelles : *quum tamen formæ substantiales quæ secundum se sunt nobis ignotæ, innotescunt per accidentia, nihil prohibet interdum accidentia loco differentiarum essentialium poni* (3).

Comment donc faut-il comprendre ce que dit ailleurs le même docteur, que l'intelligence atteint l'essence de la chose, *pertingit ad essentiam rei* (4) ? Il faut l'entendre d'une manière différente des essences accidentelles et des essences substantielles. Les essences accidentelles sont connues quelquefois directement par l'intelligence ; nous en avons cité des exemples. Mais les essences substantielles ne sont connues qu'indirectement, par une définition tirée de leurs propriétés. Il y

---

(1) *Sum. th.* I, q. LXXXVII, a. 1.
(2) *Ibid.*
(3) *Sum. th.* I, q. LXXVII a. 1.
(4) *De veritate.*

a là une gradation parfaitement marquée par saint Thomas. Premièrement, l'intelligence connaît, avec l'aide des sens, la nature des qualités sensibles ; secondement, elle connaît son propre acte ; troisièmement, par cet acte elle se connaît elle-même et entrevoit quelque chose de sa nature. *Id quod primo cognoscitur ab intellectu humano est natura rei materialis et secundario cognoscit ipse actum quo cognoscitur objectum et per actum cognoscitur ipse intellectus* (1).

On voit donc que si, d'après saint Thomas, l'intelligence va à l'essence, il ne l'entend pas d'une certaine intuition mystique dont personne n'aurait conscience. Mais, comme nous l'avons montré ailleurs, précisément parce que l'intelligence a pour objet l'être, et que l'être n'est quelque chose qu'en tant qu'acte d'une essence et déterminé par cette essence, elle a un besoin incessant de rechercher les caractères de l'essence, de se rendre compte de ce que peut être la chose en soi. Ce besoin, cette tendance est sa caractéristique essentielle, ce qui la distingue absolument de la sensation.

Au lieu du mot *essence*, nous trouvons fréquemment chez les scolastiques le terme de quiddité, *quidditas*. Ce terme vient du mot latin *quid*, parce que la définition de l'essence est la réponse à la question *quid est*, qu'est-ce que la chose ? Aristote disait dans sa langue τὸ τί εἶναι. Dans l'usage précis des termes scolastiques, le mot *essence* est ordinairement réservé pour indiquer l'essence substantielle, et c'est le mot *quiddité* qui s'applique, d'une manière générale, tant aux essences substantielles qu'aux essences accidentelles.

La question que nous avons posée : si l'existence est distincte de l'essence, s'applique à toutes les quiddités quelles qu'elles soient. Toutes sont distinctes de leur existence, en tant qu'elles peuvent ne pas être. Mais cette question est surtout traitée au point de vue de l'essence substantielle qui reçoit l'existence fondamentale.

---

(1) *Sum. th.* I, q. LXXXVII, a. 3.

La substance actuelle est-elle réellement composée d'existence et d'essence, *ex esse et quod est?* Telle est la manière précise dont le problème est posé par saint Thomas.

Avant de l'étudier avec le soin qu'elle mérite, présentons quelques observations sur la notion d'*existence*.

La notion d'existence est en soi très claire et très simple ; on la saisit immédiatement. Je dis : le soleil existe, tout le monde comprend aussitôt.

En français, comme déjà en latin, il y a deux verbes pour exprimer cette notion, le verbe être, *esse*, et le verbe exister, *existere*. Proprement et d'après l'étymologie, le mot être ne devrait s'appliquer qu'à Dieu seul ; on devrait consacrer le mot exister (*ex sistere*), aux créatures, dont l'existence est dérivée. Mais dans la pratique on confond assez ordinairement ces termes, et nous disons indifféremment : Dieu est, ou : Dieu existe.

Puisque chacun saisit l'idée d'existence immédiatement, il est inutile de la définir. Les essais de définitions que l'on a donnés quelquefois en ont plutôt obscurci la notion. Ainsi Suarez dit qu'exister, c'est être hors de ses causes ; ceci peut justifier le sens spécial du mot exister, mais n'éclaircit en rien l'idée fondamentale. On a dit aussi : exister c'est être en soi, être posé en soi. Ces définitions peuvent être utiles dans certains cas particuliers ; mais elles ne pourraient s'appliquer partout, elles ne conviennent qu'à l'être de l'essence substantielle. En définitive, on définit toujours l'être par l'être, en notant, plus ou moins à propos, quelque circonstance spéciale. L'être tout court n'est-il pas plus clair? Etre, c'est être ; comme agir, c'est agir ; comme rouge, c'est rouge. A ces notions primitives, il n'y a pas d'équivalent.

Mais s'il est inutile et impossible de définir l'idée d'existence, le mot *être* a plusieurs acceptions très diverses, qu'il importe de bien distinguer. La confusion entre ces acceptions peut amener des erreurs fort regrettables.

Ainsi le verbe *être* s'emploie d'abord comme lien de la proposition. Quand je dis : la terre est ronde, je lie l'idée de rondeur à celle de la terre. J'affirme un rapport entre ces deux notions. Cet emploi du mot être est le plus ordinaire ; ce n'est guère que dans le langage philosophique que l'on se sert de ce terme avec une signification absolue. M. Renouvier en a conclu que l'idée d'être n'exprime qu'un rapport. S'il avait étudié plus profondément la nature de ce rapport, s'il en avait cherché le fondement, il aurait vu que ce fondement est précisément l'existence même. Pourquoi l'idée de rondeur est-elle liée à celle de terre? pourquoi affirmè-je l'une de l'autre? C'est évidemment parce que l'une existe dans l'autre et par l'autre. La rondeur existe dans la terre ; elle est une manière d'être de la terre, un mode déterminant son existence à un point de vue particulier. Il n'est donc pas bien étonnant que le même mot exprime l'union de deux choses et leur existence. Le rapport est fondé sur l'existence et ne va pas sans elle. L'enfant perçoit du même coup et le rapport et l'existence qui la fonde. Et cela est si vrai que quand il a compris le premier sens, il est en état, comme nous l'avons remarqué, de comprendre le second. Je lui ai dit bien des fois : cet arbre est vert, ton père est bon, ta mère est belle. Quand son esprit aura bien saisi ces expressions, si je lui dis un jour : cet arbre est, il m'entendra sans difficulté.

Le second emploi du verbe *être*, celui qui exprime l'existence, est donc aussi naturel que le premier. Il demande seulement, pour être compris, une intelligence plus développée, parce qu'il est moins appuyé sur les données sensibles. Dans les propositions ordinaires, ce chien est petit, ce cheval est gris, etc, il y a deux données sensibles, le sujet et l'attribut. Si je dis : ce chien est, il n'y en a plus qu'une. Le verbe être est employé d'une manière absolue, sans attribut, ou, si l'on veut, il est à lui-même son propre attribut; Dieu est, équivaut à : Dieu est étant. Le verbe être indique alors directement que le sujet, la substance existe ; on l'appelle verbe substantif. C'est en ce sens seulement qu'il est synonyme du verbe exister.

Il est encore un troisième sens. Le mot *être* ne s'emploie pas seulement comme verbe, mais aussi comme nom. Alors il a une acception nouvelle ou même deux acceptions nouvelles qui ne sont guère distinguées en français que par la tournure de la phrase. Le mot être, pris substantivement, peut désigner le fait même de l'existence substantielle. Je dirai : cet enfant a reçu l'*être* de ses parents. J'indiquerai par là l'existence qui lui est donnée, conçue comme une chose distincte, comme un fait spécial. Les latins disent *esse* et les grecs τὸ εἶναι, l'*être*, avec l'article défini, exactement comme en français.

Mais bien souvent le mot *être*, pris comme substantif, désigne en français l'objet même qui est. Dans ce cas, il s'emploie le plus souvent, mais non toujours, avec l'article indéfini : l'homme est un être. Le latin en ce sens emploie le participe, *ens*, et le grec, le participe avec l'article, τὸ ὄν. Ici le mot *être* ne désigne plus l'existence, mais bien l'essence; car c'est l'essence qui est, c'est l'essence que l'existence met en acte. C'est cet être qui est divisé en dix catégories, *ens dividitur in decem categorias*: les catégories sont diverses classes de choses, d'essences distinguées par rapport aux diverses manières dont elles participent à l'existence.

Vous remarquerez que le latin et le grec ont ici un avantage sur nous. Nous ne pouvons employer substantivement que l'infinitif pour les deux acceptions ci-dessus proposées : le latin et le grec ont l'infinitif pour une acception et le participe pour une autre. Le français, comme nous l'avons remarqué ailleurs, reprend l'avantage dans certains détails. A l'aide de l'article partitif, *accidens est ens*, l'accident est de l'être, il exprime parfaitement la nature incomplète des réalités accidentelles.

Ces remarques, bien que purement logiques, ont des conséquences très importantes. Elles font bien voir le vide de certaines formules qui ont paru séduisantes à plusieurs ontologistes.

Le célèbre Gioberti avait pris pour point de départ de ses spéculations cette proposition, qu'il appelait le premier philosophique : l'*Être est nécessairement*. L'être est nécessairement : une telle affirmation n'a-t-elle pas tout l'air d'un axiome ? ne renferme-t-elle pas une identité ? l'être pourrait-il ne pas être ? Si on l'examine à la lumière des distinctions que nous venons d'établir, on reconnaît que cette formule est illusoire, que son identité est toute verbale. Au lieu du substantif l'Être, mettez l'une de ses valeurs. L'Être ici signifie-t-il l'existence ? alors la proposition n'est qu'une tautologie sans portée : l'existence est ou existe, quand elle existe, quand elle est appliquée à quelque chose qui en soit capable, car l'existence ne saurait exister isolée et sans sujet. L'Être signifie-t-il l'essence ? alors la proposition est fausse, car l'essence, comme telle, n'existe pas nécessairement ; cela dépend de sa nature, qui nécessite ou non l'existence. L'Être signifie-t-il quelque chose de supérieur à l'existence et à l'essence ? alors c'est un quelque chose tout à fait en dehors de l'expérience et dont nous ne pouvons rien affirmer immédiatement. Je dis immédiatement, car je ne nie pas qu'il y ait en réalité un être nécessaire. Mais la nécessité de sa nature n'est pas évidente pour nous, elle a besoin d'être prouvée.

Les deux notions de l'*existence* et de l'*essence* étant ainsi précisées, venons à l'objet principal de cet article, et examinons si les deux choses distinguées par nous sont vraiment distinctes hors de nous ; en d'autres termes, s'il y a distinction réelle entre l'existence et l'essence ?

Ce fut au moyen âge une question fort controversée. Très nombreux étaient ceux qui n'admettaient qu'une distinction de raison. Nous pouvons citer Durand de Saint-Pourçain, ce dominicain du xive siècle qui se vantait de n'appartenir à aucune école, les nominalistes, qui excluaient systématiquement toute distinction réelle, et enfin les disciples de Scot, qui ne pouvaient, et avec raison, reconnaître ici la distinction réelle telle qu'ils la comprenaient. Scot lui-même paraît avoir hésité sur cette question. Sa manière de voir n'est peut-être pas très éloignée de celle des thomistes modérés, tels que Dominique Soto. Suarez adopta l'opinion des scotistes et entraîna avec lui la plupart des thomistes modernes.

Mais d'un autre côté, tous les anciens thomistes soutiennent la distinction réelle. Saint Thomas, Egidius, Hervé le Breton, Capréolus, Cajetan sont unanimes à ce sujet. Capréolus surtout, en italien Cavriolo, dominicain du xve siècle, a traité la question avec une profondeur de vues et une habileté d'argumentation qui nous semblent décisives. Quelques thomistes modernes, avec le P. Liberatore, sont revenus à l'opinion des anciens thomistes.

La question paraît subtile; elle est en réalité très importante. Toute la valeur de la métaphysique en dépend. Nous avons vu plus haut que la métaphysique n'a de portée que grâce aux distinctions réelles. Si les choses que nous distinguons ne sont pas réellement distinctes, objectivement distinctes, comme diraient les modernes, la métaphysique ne nous apprend plus rien sur l'essence des choses; elle n'est plus qu'un exercice logique sans conséquences et sans application. Mais si nous admettons des distinctions réelles, il faut absolument admettre celle de l'essence et de l'existence. Autrement chaque essence distincte aura son existence propre, chacune sera une entité, au sens moderne, et l'on ne saura plus où trouver l'unité des êtres. Suarez a subi pleinement cet inconvénient, qui a beaucoup contribué à la décadence de la scolastique. Tout en se disant thomiste, il a modifié l'opinion de saint Thomas sur bien des points, et si l'on veut y faire attention, on remarquera que presque toutes les modifications qu'il a introduites se rattachent logiquement à la confusion acceptée par lui de l'existence et de l'essence.

Il me semble que ces considérations sont déjà un préjugé sérieux en faveur de la distinction réelle de l'existence et de l'essence, j'entends réelle métaphysique, telle qu'elle a été définie plus haut. Si on ne l'admet pas, on se trouve dans la nécessité ou de supprimer toute distinction réelle, et par suite la métaphysique même, ou de multiplier les entités et de rompre l'unité des êtres.

Mais nous avons des raisons plus directes.

C'est dans la *Summa contra Gentes* (l. II, ch LII) que saint Thomas appuie surtout sur la distinction de l'existence et de l'essence. Il en donne de nombreuses preuves ; nous en choisirons deux qui nous paraissent décisives.

La première est celle-ci. Dans chaque créature on trouve unies beaucoup de choses différentes. Toute créature a expérimentalement des facultés diverses, des propriétés diverses, des actes divers. Qu'est-ce qui fait leur unité ? C'est qu'ils découlent d'un même sujet. Ce sujet pourrait-il être la simple existence qui leur est commune ? Non, cela est impossible, car le sujet doit être de nature à expliquer ces propriétés et ces actes, et l'existence toute seule n'explique rien. Il faut donc que l'existence ne soit point seule, qu'elle soit donnée à une essence substantielle qui serve de lien et de fondement à tous ces modes divers : *Si non sit esse in aliqua substantia, non remanebit aliquis modus in quo ei possit uniri quod est præter esse.*

On remarquera le caractère spécial de cette preuve. Elle considère les propriétés et les actes de l'individu comme n'existant que d'une existence commune, et montre la nécessité de l'essence comme intermédiaire entre ces propriétés et l'existence.

On peut retourner l'argument, et dire que les essences secondaires et accidentelles sont unies à l'essence substantielle par la participation de la même existence. Si chaque essence actuelle était identique à l'existence, il faudrait qu'elles fussent identiques entre elles, par le principe que deux choses identiques à une troisième le sont entre elles. Or il est manifeste expérimentalement que beaucoup d'essences secondaires, nos actes par exemple, sont en nous, mais sont distincts de nous et de notre essence substantielle. Toutes ces choses sont donc également distinctes de l'existence qu'elles ont en commun.

La seconde preuve que nous relèverons est moins subtile ; c'est la preuve traditionnelle des docteurs de l'Église, à savoir que l'identité de l'existence et de l'essence n'appartient qu'à l'être incréé. L'existence subsistant en elle-même n'aurait rien qui la limitât, qui la déterminât. Il n'y en aurait donc qu'une seule, et celle-là serait dans toute sa plénitude. Elle ne serait plus l'existence bornée, mais l'existence absolue, comprenant éminemment toute forme et tout degré d'énergie; elle serait infinie. Il faut donc qu'à chaque existence particulière s'attache une détermination qui la limite, qui la distingue des autres existences. Cette détermination est nécessairement autre chose que l'existence même.

Aussi saint Thomas ajoute-t-il qu'être simplement est la nature propre de Dieu. Les créatures n'ont l'existence que par participation. Mais ce qu'une chose n'a que par participation ne peut être sa substance même. Il est donc impossible que l'existence, l'être simplement dit, constitue à lui seul une substance créée quelconque. Il n'est pas sa nature même, il est donné à cette nature. En Dieu seul la nature et l'existence se confondent, parce qu'il n'existe que par sa nature même, et que sa nature est d'exister, d'exister en tous sens et de toute manière, d'exister sans limite de temps, de lieu ou de perfection.

Nous trouvons dans le traité *De l'Être et de l'Essence* ch. v), une troisième preuve, qui montre bien la manière dont saint Thomas entendait cette distinction. Tout ce qui n'est pas compris, dit-il, dans la définition d'une chose, lui vient d'ailleurs et fait composition avec elle. Or toute essence peut être conçue sans l'existence de fait. Il faut donc que cette existence lui soit ajoutée, et à ce point de vue elle en est distincte. *Quidquid non est de intellectu essentiæ hoc est adveniens extra et faciens compositionem cum essentia*. On le voit: la distinction réelle est bien caractérisée ici, comme le voulait Billuart, par la définition de la chose prise du fait lui-même. L'idée d'homme, telle qu'elle est réalisée dans l'homme actuel et présent, ne comprend pas l'idée d'existence, puisque cette existence même peut lui être retirée ; donc il y a composition métaphysique et complexité réelle.

La distinction réelle de l'existence et de l'essence n'est autre chose que la forme philosophique du dogme de la création. Aristote ne l'a jamais connue, quoi qu'on ait dit, et son commentateur païen, Alexandre d'Aphrodise, enseigne expressément le contraire. Il faut chercher l'origine de cette idée dans les premiers Pères de l'Église, saint Clément d'Alexandrie, Origène et surtout saint Hilaire de Poitiers. C'est chez eux que nous trouvons pour la première fois cette idée que l'existence et l'essence sont deux conditions distinctes et d'origine différente. L'essence, la détermination de l'être, son caractère propre, est issue de la pensée de Dieu, qui décide de la nature des êtres; l'existence est ajoutée par sa volonté. Ce sont deux rayons d'origine distincte qui se rencontrent hors de Dieu, qui séparément ne donnent aucun résultat, mais qui unis forment un être; de même que les rayons émanés du soleil restent séparément invisibles et ne se manifestent que quand ils se rencontrent et se croisent dans un miroir qui les réfléchit et les condense en un point lumineux.

Une telle origine de l'idée d'une distinction réelle entre l'essence et l'existence n'est pas faite pour nous déplaire. Nous accepterons donc cette théorie avec tous les Pères. Toutefois nous ne l'entendrons pas d'une distinction réelle physique au sens scotiste. Il est trop évident que l'existence et l'essence ne sont point deux entités existant chacune à part (1). Au contraire, l'une n'existe que par l'autre et avec le concours de l'autre; l'une est la puissance, l'autre est l'acte. Nous n'admettons pas même une distinction métaphysique complète. L'existence n'est pas proprement une chose : *non est res proprie loquendo cum non sit aliqua quidditas* (2). Elle ne se conçoit pas isolément, mais seulement rattachée à la chose qui existe.

(1) Soto, *Sent.* l. 4, *dist.* 10, q. 2.
(2) Capreolus, *Sent.* l. 1, *dist.* 8, q. 1.

Il faut y voir quelque chose d'ajouté, *aliud quid*, un mode survenant, un avantage réel et positif, que l'essence n'a point toutefois par sa nature propre. C'est la distinction métaphysique réelle mais incomplète. C'est la distinction modale de Billuart.

Cette même distinction telle que l'entend Suarez exigerait que l'un des deux termes puisse exister sans l'autre; la condition n'est pas ici remplie : aussi Suarez s'élève-t-il très fortement contre la théorie thomiste que nous venons d'exposer.

Quelles sont ses objections ? Elles peuvent se ramener toutes à celle-ci : que l'essence existante n'est pas autre chose que l'essence actuelle, et que l'essence actuelle n'est que l'essence hors de ses causes. Pour être hors de ses causes, une chose n'a rien de plus qu'auparavant. L'essence actuelle n'est que l'essence possible réalisée; elle n'est pas autre chose que ce qu'était l'essence possible; elle n'est que l'essence possible dans une nouvelle situation, ou plutôt dans la seule situation qui puisse lui convenir. Quand elle n'est pas actuelle, l'essence n'existe à aucun titre; elle n'est rien.

Il y a dans cette argumentation une confusion implicite dont Suarez ne paraît pas avoir eu le sentiment. Que l'essence, considérée comme détermination, comme caractère, comme le *quid* de quelque sujet, ne soit pas autre quand elle est réalisée qu'elle n'était conçue comme possible, cela est évident de soi. Toute forme réalisée est absolument la même que la forme simple possible, et par conséquent la forme actuelle et la forme possible, la forme en puissance et la même forme en acte ne font pas entre elles composition.

Mais dans un être il n'y a pas seulement le caractère mis en acte; il y a, comme nous l'avons vu ailleurs, ce qui le met, ce qui le tient en acte, *actualitas qud sistitur extra nihil* (1); il y a une certaine énergie primi-

---

(1) Billuart, t. II, p. 84.

tive, qui est déployée et qui confère l'acte à ce qui de soi ne serait qu'en puissance. L'existence est précisément cela. Elle ne se distingue pas de l'essence comme une forme ou un caractère nouveau ; elle appartient à un autre ordre d'avantages, à l'ordre de la force employée et de l'énergie développée. Elle est donc autre chose, mais de telle manière que les deux choses soient nécessaires l'une à l'autre et ne constituent le réel que par leur intime union. En Dieu seulement, l'énergie toute puissante et sans limite est son propre caractère, sa propre détermination.

Plusieurs me diront : mais ce que vous indiquez ici, ce n'est pas l'existence, c'est l'action créatrice elle-même, c'est la puissance du créateur qui défend l'être contre le néant. Je n'en disconviens pas ; mais je prétends que l'action créatrice, considérée dans son efficace énergie, et l'existence de la créature sont une seule et même chose et ne diffèrent entre elles que par la relation envisagée.

Toute personne ayant étudié la scolastique sait que l'on distingue deux sortes d'actions : l'une appelée immanente, qui reste dans le sujet actif ; l'autre appelée transitive, passant dans le sujet qui la subit. Suarez a parfaitement expliqué cette distinction et il a montré, avec toute l'antiquité philosophique, que l'action transitive, considérée dans son caractère spécial d'action, est une même chose que la passion et qu'elle réside dans le sujet patient. L'action et la passion sont une même chose, lit-on dans la *Somme théologique* de saint Thomas(1) : *actio et passio sunt una et eadem res.*

L'action créatrice est-elle une action transitive ? J'avoue que saint Thomas ne la considère pas comme telle. Les prédicaments logiques ne s'appliquent pas proprement à Dieu, dont la nature est transcendante, et saint Thomas ne veut pas permettre de dire que quelque chose aille du créateur à la créature ; il y aurait un

(1) Prédicament de l'action.

danger d'émanatisme. Mais enfin, si l'action créatrice n'est pas formellement transitive, *formaliter transiens*, il faut bien qu'elle le soit virtuellement, *virtualiter*. Il faut bien que son efficace atteigne au dehors, autrement il n'y aurait rien de créé. Cette efficace, cette énergie née au dehors, sous l'influence de l'énergie divine, c'est bien elle qui soutient la créature, qui la constitue existante; c'est d'elle qu'Henri de Gand a parlé, en disant que la vertu de la première cause existe dans les causes secondes, *virtus primi agentis est in agente secundo, quia habet esse ab illo in isto* (1). Et saint Thomas convient que la création entendue passivement est la créature elle-même, *creatio passive accepta est in creaturd et est creatura* (2). La création, c'est comme la parole extérieure de Dieu. N'est-ce pas notre intelligence qui, par son activité, constitue l'actualité même de notre parole ? Ainsi, l'activité divine constitue d'abord sa parole intérieure, le Verbe éternel, et par lui l'existence de cette parole extérieure qui est nous-mêmes. C'est dans le Verbe éternel, enseigne saint Augustin, que Dieu dit toutes choses : *in Verbo sempiterno dicis omnia quæ dicis* (3).

Les successeurs de saint Thomas, les anciens thomistes, ne s'y sont pas trompés. Ils ont très bien compris que sa doctrine n'excluait pas la présence, dans la créature, d'une énergie dépendante de l'énergie divine. Plus on se rapproche du Docteur angélique, plus cette doctrine s'affirme nettement. Capreolus déclare que l'être des créatures n'est autre chose que l'actualité que leur imprime le premier être : *esse non est aliud quam actualitas quædam impressa omnibus entibus a primo ente* (4).

Hervé, plus ancien, est plus net. La création, dit-il, considérée passivement, n'est pas un accident, mais la

---

(1) *Quodlib.*, XIV, q. 1.
(2) *Sum. th.*, I, q. XLV, a. 3.
(3) *Conf.*, l. XI, ch. 7.
(4) *Sent.*, dist. 8, q. 1.

substance même des choses, *creatio passiva non est accidens, sed ipsa substantia* (1). Egidius, presque contemporain de saint Thomas, expose comme nous-mêmes toute cette théorie. « La création, dit-il, dépend d'une double action de Dieu, d'abord d'une action immanente, l'intelligence et la volonté divine : si Dieu pensait et voulait de telle sorte que nulle action ne passât au dehors, rien ne serait créé ; puis de l'action transitive qui constitue la chose créée.... La création passivement considérée ne diffère pas réellement de l'acte transitif et est dans le même objet que l'être de la créature.., la création activement considérée est l'être créé lui-même. *Creatio dependet a duplici actione Dei, videlicet ab actione non transeunte, ut velle et intelligere divino; quia si Deus sic intelligeret et vellet quod nulla actio transiret in exteriorem materiam, nil crearetur ; et ab actione transeunte quæ constituit rem creatam..... Creatio passiva non differt realiter ab actu transeunte et est in eodem cum esse creaturæ..., creatio ut actio dicit ipsum esse creatum* (2).

Saint Thomas, qui se tenait encore strictement dans la terminologie d'Aristote, ne voyait d'action proprement dite que là où il y avait mouvement. On comprend donc qu'il n'ait point voulu mettre en Dieu un tel mode d'activité. Mais nous avons vu ailleurs qu'il admettait très bien que la puissance divine fût la base, le principe et la source d'énergie de toutes choses. Est-ce proprement l'énergie divine qui passe dans les créatures et se fractionne entre elles? Assurément non. L'énergie, considérée exclusivement comme telle, n'est pas une chose qui se conçoive isolée et qui puisse par conséquent se détacher d'un être pour passer sur un autre ; mais elle a son mode propre, son efficacité, qui atteint jusqu'à son objet et le constitue vivant et énergique lui-même ; efficacité mystérieuse, qui est inexplicable pour nous parce qu'elle tient

---

(1) *Sent.*, l. II, obit. 1, q. 2.
(2) *Quodlib.*, V, q. 4.

à ce que l'être a de plus intime et de plus caché. Mais on ne saurait la nier, comme l'a fait le XVIIe siècle, parce que l'expérience la suppose nécessairement même entre les créatures. A quoi servirait le moindre atome, s'il ne pouvait agir sur un autre ou recevoir au moins son action.

Voyez la lumière : elle apparait toute concentrée dans le soleil, et le soleil, à son lever, la répand sur tous les corps. Par quel moyen ? nous l'ignorons. Nous voyons que les corps sont éclairés, nous voyons qu'ils ne le sont qu'en présence du soleil. Mais nous ne voyons pas la lumière aller du soleil aux corps ; et si nous soupçonnons aujourd'hui quelque chose de cette action, ce n'est que par une science nouvelle et assez abstraite, l'optique rationnelle.

Ainsi Dieu est le soleil du monde intelligible, il répand partout l'énergie. Nous voyons bien l'énergie des créatures, nous voyons bien qu'elle dépend de l'énergie divine ; mais nous ne pouvons saisir comment celle-ci suscite celle-là. C'est un mystère que nous ne comprendrons que quand il nous sera donné de voir l'Energie divine face à face.

CHAPITRE VI

DE LA MATIÈRE ET DE LA FORME

Dans toute créature, avons-nous dit, par le fait même qu'elle est créature, l'essence est distinguée de l'existence, puisque l'existence est un avantage ajouté qui n'est pas compris dans le principe essentiel. Mais il n'y a que certaines substances où se rencontre la complexité de la matière et de la forme. Une substance, même créée, peut être simple dans son essence. Malgré cette restriction, la complexité de la matière et de la forme est de la plus haute importance, eu égard au savoir humain, puisque les substances composées sont les seules dont nous ayons une connaissance pratique et concrète.

La distinction de la matière et de la forme n'est pas une notion vulgaire; à la prendre au sens substantiel, elle n'est connue que des philosophes. Les autres hommes se rendent bien compte que certaines choses peuvent recevoir une forme extérieure pour devenir un nouvel objet dont elles sont, comme on dit, la matière; mais cette donnée est fort loin de l'idée d'une matière et d'une forme substantielle. Que le fond de certaines substances comprenne deux principes, c'est ce que le simple bon sens ne saurait discerner, puisqu'il n'aperçoit même pas directement et distinctement la substance.

Sur quelle preuve peut-on appuyer la distinction de la matière et de la forme? On l'appuie sur le spectacle de certains changements qui nous paraissent substantiels. A chaque instant nous voyons des êtres, conservant le même poids, la même étendue, la même individualité corporelle, se transformer si profondément, qu'on est porté à les considérer comme des substances absolument nouvelles. On en conclut très régulièrement qu'il y a, dans la substance même des êtres sensibles, quelque chose qui change et quelque chose qui ne change pas. Ces deux choses sont évidemment différentes. Celle qui change, on l'a appelée *forme;* celle qui ne change pas, on l'a appelée *matière*.

Ces noms sont-ils bien choisis ? A-t-on bien fait de les emprunter à des changements tout extérieurs et superficiels, comme ceux que produit l'art humain ? La question importe peu. Ils sont consacrés par un long usage et seraient difficiles à remplacer. Il vaut mieux rechercher si les philosophes ne se sont pas fait illusion, s'il y a réellement comme ils l'ont cru des changements substantiels. De là en effet dépend toute la question. S'il n'y a pas de changements substantiels, les mots *matière* et *forme* n'ont plus qu'une valeur très secondaire et ne peuvent s'appliquer, si l'on veut les conserver, qu'à des phénomènes tout extérieurs.

Y a-t-il donc des changements vraiment substantiels ? Ce point est très contesté aujourd'hui. Après avoir admis pendant plus de deux mille ans qu'il y a de tels changements, depuis trois cents ans la philosophie, dans ses représentants les plus accrédités, s'est mise à les nier. Il est essentiel d'éclaircir cette difficulté. Dans ce but, nous prendrons une molécule matérielle quelconque, une molécule de carbone par exemple, nous la suivrons dans ses différentes fortunes, et nous chercherons à nous rendre compte de la nature des modifications qu'elle éprouve.

Tout d'abord notre molécule nous apparaît comme une parcelle de matière solide, noirâtre et amorphe, car le carbone n'est pas autre chose que le charbon qui brûle dans nos foyers. Mais elle ne reste pas toujours dans cet état. Sous l'influence de circonstances qu'on n'a pu encore définir, la voilà qui se transforme en une substance d'aspect tout différent, cristalline, dure, transparente, reflétant la lumière avec éclat. Qui pourrait se douter que le diamant et le charbon sont une même substance ? Jamais on ne l'avait soupçonné, jusqu'à ce que les chimistes aient montré qu'en brûlant le diamant on obtient les mêmes produits qu'en brûlant du charbon.

Voilà un premier changement ; est-il substantiel ? On l'eût cru, sans aucun doute, au moyen âge ; on le nie absolument aujourd'hui. Les propriétés du diamant et du charbon sont très différentes ; mais ces propriétés sont assez superficielles, et un groupement nouveau des molécules paraît suffire à les expliquer.

Mais continuons. Que nous brûlions du charbon ou du diamant, nous avons le même résidu, un gaz que l'on appelle le gaz acide carbonique. Ici la molécule de charbon n'est plus seule : elle s'est unie avec des molécules d'un autre corps que l'on appelle le gaz oxygène. Il en résulte un nouveau corps différent complètement des deux premiers

Le charbon est solide, l'acide carbonique est gazeux ; l'oxygène active la flamme, l'acide carbonique l'éteint. Y a-t-il cette fois changement substantiel ? Je voudrais bien le croire, mais j'avoue que l'expérience du diamant m'inspire quelque défiance. Les caractères physiques ont changé sans doute ; mais sont-ils plus différents du charbon à l'acide carbonique que du charbon au diamant ? Les différences chimiques ne me rassurent guère ; elles peuvent tenir à tant de causes. Je vois des savants les expliquer avec assez d'apparence de vérité par des groupements de molécules ou par des considérations thermiques. Qui sait le premier fond de toutes ces propriétés diverses ? qui a jamais sondé leur nature essentielle ? Bien imprudent celui qui voudrait fonder sur un sol aussi mal étudié une grande théorie.

Mais l'histoire de notre molécule n'est pas terminée. L'acide carbonique, où elle est emprisonnée, se répand ;

il se mêle à l'air ambiant; il rencontre des végétaux, par exemple un arbre fruitier. Qu'un rayon de soleil vienne à briller, la feuille de l'arbre décompose l'acide ; elle met en liberté l'oxygène, elle s'empare du carbone ; à l'aide de ce carbone, elle fabrique divers sucs dont elle alimente la plante et son fruit. Voilà notre molécule installée dans une cellule végétale ; la voilà devenue partie intégrante d'un être vivant.

Ici le changement est profond. La vie a des mouvements spéciaux et intérieurs qu'on ne trouve dans aucun être inorganique. On a bien montré dans ces derniers temps que ces mouvements ne sont pas absolument spontanés, qu'ils sont provoqués du dehors, que leur direction est souvent déterminée par la forme même des organes : j'accorde tout cela. Mais il y a une chose que je n'ai jamais vu expliquer : comment tous ces mouvements sont-ils dirigés d'une manière constante pour reproduire un certain type ?

Je conçois une machine construite d'une certaine façon, qui accomplit un travail déterminé par la forme de ses organes ; je ne conçois pas une machine qui se construise elle-même, qui se répare perpétuellement elle-même. Je n'aperçois même aucune trace d'une machine dans la première cellule d'où sort le végétal ; et cependant, pour construire un organisme aussi complexe et aussi délicat qu'un être vivant, il faudrait quelque machine plus compliquée que cet organisme même. Tout ce que je vois ne peut m'inspirer qu'une idée, celle de l'hérédité par simple tradition de la matière organique. Il y a dans cette matière, je ne sais comment, une idée directrice qui oriente toutes ses molécules vers un but commun. Ce but est fixe, suivant certains savants ; suivant d'autres, il est modifiable par les influences du milieu, mais, en ce cas même, l'être vivant conserve à perpétuité dans les milieux nouveaux la modification une fois acquise. Prenez la plus simple cellule, mettez-la, si possible, à l'abri des causes destructives dont elle est entourée : l'idée directrice s'y retrouvera toujours présente, la cellule reproduira infailliblement, par une sorte de mémoire, tous les états successifs de l'organisme dont elle a été détachée.

Voilà les faits ; quelle en est l'explication ? Il est évident que ces expressions : idée directrice, mémoire, n'expliquent rien. On ne peut supposer qu'un végétal pense et se souvienne. Ces termes, empruntés à Cl. Bernard, ne peuvent servir qu'à rendre l'impression des faits. Mais l'idée veut un moyen qui la réalise, un moyen sans lequel le concert de toutes les molécules d'un corps serait impossible.

On convient assez, parmi les spiritualistes, que l'ordre du monde est le signe évident d'une intelligence créatrice. Il paraît impossible que tant d'êtres divers concourent par un simple effet du hasard à la réalisation d'un plan nettement tracé. Eh bien, il est tout aussi impossible que les molécules d'un corps vivant se trouvent disposées d'elles-mêmes comme il convient pour former un être défini. Les lois générales du mouvement nous sont connues ; elles ne conduisent à rien de pareil. Une rencontre fortuite est absurde, toutes les probabilités sont contraires. Combien y a-t-il de chances qu'une seule de ces molécules tombe précisément à l'orientation voulue ? Si nous comptons par degré du cercle, il y a $\frac{1}{360°}$ de chance ; si nous comptons par minute il y a $\frac{1}{216000°}$, si nous comptons par seconde il y a $\frac{1}{1896000°}$; et comme cette division peut être poussée à l'infini, il y a, en réalité, $\frac{1}{\infty}$ de chance, c'est-à-dire rigoureusement 0. Et nous ne parlons ici que d'un seul plan. Que serait-ce si nous évaluions les chances d'orientation de la molécule dans tous les plans ? Que serait-ce si nous évaluions les chances des milliards de molécules qui constituent un être ?

Un pareil concours d'orientations, que la moindre erreur suffit pour détruire, est absolument inconcevable sans une cause déterminante. Quelle est cette cause ?

Sera-ce la construction de la cellule élémentaire ? Encore une fois, il n'y a rien dans la cellule germe, qui puisse déterminer les mouvements dans une direction ou dans une autre. M. l'abbé Carnoy, armé d'un fort microscope, a suivi avec attention toutes les transformations de la cellule. Qu'a-t-il vu ? Une mince enveloppe, un protoplasma semifluide, et au milieu un noyau où se trouve pelotonnés quelques petits filaments. A certains moments ces filaments se séparent, puis se réunissent, tantôt aux pôles, tantôt à l'équateur du noyau. Qui dirige ses mouvements ? Peut-être certains courants dans le protoplasma fluide. Mais qui détermine ces courants divers ? Ici on ne trouve absolument rien. Et qui produit la grande variété des cellules ? Pourquoi en trouve-t-on de sphériques, d'ovales, d'allongées, d'étoilées, etc.? Une cellule machine devrait fabriquer toutes les cellules qu'elle forme sur un même type. Loin de là, les types sont très divers, et on ne peut en assigner d'autre motif que les besoins de l'organisation.

D'ailleurs la première cellule est à peu près semblable en tous les êtres ; et si elle était la base des différences spécifiques, elle devrait être au contraire ce qu'il y a en chacun de plus différent. Voyez la formation d'un cristal. Elle s'explique par la forme des molécules élémentaires. Mais les petits cristaux sont tout d'abord bien caractérisés ; à mesure que le volume augmente, les perturbations surviennent et les divers systèmes de cristallisation finissent par être masqués de telle sorte qu'on a parfois peine à les reconnaître. Dans l'être vivant, il en est tout autrement. Les premières cellules, les premiers tissus sont assez semblables, ce n'est que plus tard que viennent les grandes différences. La construction de la première cellule, supposé qu'elle fût spéciale, ce qui n'est pas, aurait donc une influence d'autant plus manifeste qu'on en serait plus éloigné. Une telle conception est-elle acceptable?

Aussi les spiritualistes modernes repoussent-ils en général l'idée d'un mécanisme. On avait cru quelque temps à la cellule germe, à la cellule portant en elle un type qu'il ne s'agirait plus que de développer. Le microscope a détruit cette illusion. La plupart préfèrent donc recourir à une notion plus simple. Ils admettent l'intervention d'une substance distincte, d'un principe vital supérieur qui donnerait la direction à l'organisme. Dans cette hypothèse notre molécule de carbone, entrant dans le tourbillon vital, ne serait point modifiée, mais serait placée simplement sous l'influence d'une cause directrice agissant extérieurement sur elle.

Tout peut s'expliquer ainsi à première vue ; mais que de difficultés, si on veut aller au fond des choses !

Tout d'abord on contredit les indications naturelles des faits. Celui qui étudie la première origine d'un végétal, voit se produire une cellule qui n'est différente des autres cellules que par des circonstances toutes accessoires : mode spécial de protection, accumulation de provisions nutritives, etc. ; c'est l'ovule. Puis une autre cellule, venant d'un autre individu, outillée un peu différemment, se présente et fait pénétrer dans l'ovule quelques éléments matériels ; c'est la fécondation. Alors l'évolution commence sans autre intervention que la chaleur et l'humidité, et la graine s'organise. Y a-t-il trace en tout cela du concours d'un principe immatériel ? D'où viendrait-il ? Il ne peut venir des parents : dans l'hypothèse que nous examinons le principe vital est un individu simple, celui des parents ne peut se diviser pour animer leurs rejetons. Il peut être créé par Dieu, dira-t-on. Rien de plus antiphilosophique que d'admettre une création pour nous fournir une explication et nous tirer d'embarras. Pour admettre la création d'un principe spécial, il faudrait que son existence fût suggérée par quelques signes. Dans la vie de la plante toutes les apparences sont contraires. Jamais la moindre trace d'une action indépendante. Tout se fait dans la matière et par la matière. Divisez cette matière, coupez-la en mille façons ; la vie en suit invariablement la fortune, à la seule condition qu'il reste une organisation suffisante pour que les fonctions vitales puissent s'accomplir. Un principe indépendant serait-il aussi fidèle ? ne refuserait-il pas en certains cas de se plier à des conditions toutes différentes des siennes propres ?

C'est pourquoi, tous les physiologistes qui ne sont pas conduits par un préjugé acquis d'ailleurs, contestent absolument l'existence d'un principe vital indépendant. Mais il ne faut pas croire que les métaphysiciens soient plus satisfaits de leur côté de l'hypothèse d'un principe vital immatériel. Au contraire, ils peuvent lui opposer des objections plus fortes peut être que les physiologistes.

En effet, la supposition d'un tel principe est absolument contraire à l'ordre de la nature. Partout nous voyons la nature agir avec les moindres frais. Quand elle a entre les mains un principe, elle en épuise toutes les ressources avant de passer à un principe supérieur. Elle ne s'élève point au végétal sans en avoir imité les formes dans certaines cristallisations ; elle n'arrive point à l'animalité sans avoir donné dans les végétaux certaines apparences de sensibilité. Ici on voudrait au contraire qu'elle appliquât un principe supérieur à un résultat très inférieur. Elle produirait un principe indépendant, une sorte de substance immatérielle. Pourquoi ? Pour donner à la matière certaines formes passagères. N'y a-t-il pas une singulière disproportion entre la cause mise en jeu et l'effet obtenu ?

Que faire d'ailleurs de cette cause ? Voici le végétal qui meurt faute d'espace, de soleil ou de nourriture : que deviendra son principe vital ? Restera-t-il éternellement inutile après avoir servi un instant ? Passera-t-il d'un individu à un autre ? Comment et par quel moyen ? Ce n'est pas à coup sûr par la génération, qui n'entraîne pas d'ordinaire la mort du parent. Oubliera-t-on d'ailleurs que toute évolution est individuelle, a ses caractères propres, et que le principe vital d'un organisme serait singulièrement mal à l'aise dans un organisme différent ? L'anéantira-t-on ? Mais ce serait une exception inouïe à toutes les lois de la nature. Rien ne périt : ce n'est pas Lavoisier avec sa balance qui a inventé cet aphorisme ; il remonte à Saint-Thomas, qui fonde dessus la preuve de l'immortalité de l'âme ; il remonte jusqu'à l'ancien Testament, où le sage nous déclare que tout ce que Dieu a fait persévère toujours : *didici quia quæ fecit Deus permanent in æternum* (1). Dieu n'a ni imprévoyance, ni caprice ; quand il crée un être, c'est que cet être doit toujours exister. Si le moindre atome du végétal détruit est conservé à jamais, combien à plus forte raison son principe immatériel, s'il existait un tel principe.

Je dirai plus, il est impossible de concevoir philosophiquement la nature de ce principe. Quelle serait sa mission ? Comment agirait-il sur des organes dont il serait distinct ? Il devrait sans doute en diriger l'évolution, en régler les mouvements moléculaires de manière à ce qu'ils concourent à cette évolution. Mais du moment qu'il est un être distinct, il ne peut agir sur les molécules, comme l'a très bien remarqué le P. Pesch (2), qu'en leur imprimant un mouvement, une impulsion qui modifie dans le sens voulu leur mouvement naturel. Comment leur imprimer ce mouvement ? Tout effet doit préexister éminemment dans sa cause. Le mouvement voulu devra donc préexister de quelque manière dans le principe supposé. Mais il ne peut préexister physiquement dans un principe immatériel. Il ne saurait davantage préexister intelligiblement ; personne ne va jusqu'à supposer le principe vital doué d'intelligence. Nous avons donc imaginé gratuitement une cause incapable de son effet propre. C'est une étrange manière de simplifier les questions ?

Ainsi, ni les lois générales de la matière, ni le jeu d'un mécanisme dont il n'y a pas de trace, ni l'intervention d'un principe supérieur ne suffisent à expliquer la vie.

---

(1) Ecclésiaste.
(2) *Institutiones philosophiæ naturalis*, p. 151.

La vie ne se rattache ni à une propriété de la molécule inorganique, ni à une action d'une entité immatérielle. Quelle sera donc notre solution? Il n'y en a qu'une seule possible, c'est que la vie dépend d'une propriété de la matière vivante elle-même.

Mais l'être vivant n'est composé expérimentalement que de molécules semblables à celle dont nous avons suivi les destinées. Ces molécules ont chacune une individualité distincte, et aucune d'elle ne manifeste à part des propriétés ayant une analogie même lointaine avec la propriété de vie. Il faut donc qu'elles acquièrent cette propriété ; et pour la supporter, comme elle n'appartient à aucune molécule en particulier, comme elle représente un principe d'unité et d'harmonie, il faut que les individualités des molécules se soient fondues au plus intime de leur être en une individualité passagère mais unique ; c'est-à-dire qu'elles ont du être tranformées dans le plus intime de leur substance.

Notre molécule de carbone est donc devenue une molécule vivante. Conservant des propriétés qui nous la manifestaient d'abord, elle a acquis de tout autres propriétés qui ne peuvent appartenir qu'à une autre nature. Quelque chose dans son fond a changé: il y a eu *transformation substantielle*.

Quelques-uns trouveront peut-être que ces raisons ne sont pas absolues. Comme l'idée de transformation substantielle leur répugne, ils ne voudront céder que devant une impossibilité démontrée. Nous ne prétendons pas avoir prouvé sans réplique une telle impossibilité. Nous n'avons pas affirmé qu'un mécanisme expliquant la vie soit une conception intrinsèquement contradictoire et inconcevable ; elle est seulement contraire à tous les faits, à toutes les indications de la physiologie et de la métaphysique. Trouvent-ils cela insuffisant? pensent-ils que le vaste domaine de l'inconnu puisse contenir une solution qu'on ne saurait prévoir et qui leur éviterait la formule scolastique? Qu'ils attendent un moment, notre molécule leur réserve encore d'autres surprises : elle n'a pas parcouru toutes les étapes de sa destinée.

Nous avons laissé la molécule de carbone dans le fruit ; mais le fruit est mangé, il passe dans le corps d'un animal, il contribue à l'accroître. Voilà notre molécule dans une nouvelle situation ; elle fait partie intégrante d'un être sensible. Est-ce que la sensibilité animale pourra s'expliquer par un artifice de construction ou par un mécanisme? Ici, plus de doute possible : nous sommes en face d'une propriété évidemment, expérimentalement irréductible. La sensation ne peut être conçue dans son fond que comme une opération simple et le fruit d'un principe simple. Si un être peut l'acquérir, il faut bien qu'il soit transformé.

Descartes avait pris un parti héroïque ; il niait la sensibilité dans les animaux. Mais son opinion est tombée devant l'évidence du sens commun ; toutes les analogies nous obligent à croire que l'animal voit, entend et sent. La science contemporaine est plutôt portée à verser dans l'excès contraire ; elle attribue volontiers aux animaux supérieurs une véritable intelligence.

Aussi les spiritualistes ont-ils recours aujourd'hui à la seule explication qui reste ouverte ; ils supposent une âme distincte qui gouverne le corps et sent par son entremise. Très bien ! mais cette opinion a tous les inconvénients que nous avons signalés à propos d'un principe vital distinct. Comme le principe vital, le principe sensible indépendant est contraire à l'expérience physiologique, la sensibilité comme la vie suit toutes les fortunes de la matière, se divise et se développe avec l'être matériel. On ne peut non plus indiquer d'où viendrait ce principe indépendant, ce qu'il deviendrait après la mort de l'individu, etc. Mais en outre, l'hypothèse d'un principe sensible distinct substantiellement du corps a des difficultés spéciales qu'il importe de signaler.

Premièrement, la sensation est intimement liée à la vie ; on ne voit guère de moyen de les séparer. La vie

7

influe immédiatement sur la sensation. Toute sensation a un antécédent vital, et si nous ne sentons pas tous nos actes vitaux à l'état normal, il n'en est guère qui ne devienne sensible dans l'état pathologique. Si la sensibilité dérivait d'une substance distincte, il serait bien étonnant que l'exercice de cette faculté n'eût pas ses lois propres et dépendît si étroitement des lois de la matière vivante. Mais il y a mieux. Non seulement la sensation dépend de la vie, mais la vie dépend à son tour de la sensation. Les sensations les plus épurées, les plus éloignées de tout but organique, les plus étroitement liées aux conceptions supérieures de l'intelligence agissent sur la vie, et agissent si énergiquement que parfois elles la détruisent. On meurt de chagrin de la perte d'un ami, d'une place, d'une fortune. L'animal aussi meurt de chagrin de la perte de son maître. L'émotion sensible cause un trouble profond qui allanguit tous les mouvements vitaux. Qu'est-ce à dire ? On ne prétendra pas que le principe sensible veut détruire son corps, ou que cette correspondance désastreuse a été calculée et directement voulue dans une harmonie préétablie par Dieu même. Elle ne peut être que l'inconvénient indirect d'un état qui a d'autres raisons d'être, et cet état ne peut être que celui d'une solidarité intime et absolue.

Ainsi tout porte à croire que la vie et la sensation dérivent d'un même principe fondamental, et ce principe est simple puisqu'il supporte la sensation. Si le principe de la vie, de son côté, n'était pas simple, s'il était purement mécanique, je ne verrais aucun moyen d'expliquer les rapports étroits de la vie et de la sensation.

Secondement, une substance sensible immatérielle, aussi bien qu'un principe vital immatériel, est absolument inexplicable. De deux choses l'une : ou les corps peuvent agir directement sur cette substance ou ils ne le peuvent pas. S'ils le peuvent, la substance sensible se suffit à elle-même ; elle n'a pas besoin de ce corps qui lui est attaché. Ce serait une singulière conception du divin architecte de nous avoir affublés d'un corps sans lequel nous sentirions très bien, et qui n'aurait d'autre utilité que de nous gêner ou de nous alourdir. Si les corps ne peuvent agir sur cette substance, comme saint Thomas l'enseigne expressément, comment donc notre propre corps agit-il sur elle ? Faut-il faire intervenir une action divine toute spéciale, ou faut-il admettre que ce corps a reçu une propriété toute nouvelle et contraire à la nature ordinaire des corps ? Mais dans ce dernier cas il y a encore changement substantiel, car les propriétés dérivent de la nature de l'être et lui sont proportionnées ; il est impossible qu'un être acquière une propriété fondamentale et disparate sans être changé dans sa nature. Vous ne gagnez donc rien, et il est tout aussi simple d'employer ce changement substantiel inévitable à doter le corps vivant lui-même de la propriété de sensibilité.

Ainsi il faudra toujours admettre quelque part un changement substantiel, et du moment qu'il y a changement, il y a quelque chose qui change. Tout ne change pas évidemment. La matière qui entre dans les corps des végétaux ou des animaux ne cesse pas de subsister. Mais elle subit une modification intime et profonde. Son être n'est plus cet être inférieur qui n'est bon qu'à être choqué, attiré ou remué. C'est un être qui a des actions propres et indépendantes, qui se perfectionne à un certain degré lui-même. Il y a quelque chose de changé et quelque chose qui n'a pas changé. Il y a matière et forme ; deux choses réellement et actuellement distinctes, puisque l'une peut être modifiée sans l'autre, deux choses intimement unies dans une existence commune, puisqu'elles ont des actions communes, et que nous en avons reconnu la nécessité uniquement pour éviter ces principes substantiellement séparés.

Bien des gens, je le sais, jugent impossible une telle conception. La complexité de la *matière* et de la *forme* leur apparaît comme une notion contradictoire. C'est cette difficulté même qui éloigne de la scolastique beaucoup de penseurs contemporains. Comment concevoir que deux choses soient réellement, soient actuellement distinctes, sans qu'il y ait deux individualités actuelles, deux entités, terme auquel l'usage français a donné une portée inconnue chez les premiers scolastiques. Nous avons déjà traité de cette question à propos des distinctions réelles. Nous avons vu qu'au fond les modernes admettent de semblables distinctions sans s'avouer leur valeur. Nous avons cité des exemples où ce mode de distinction se rencontre dans notre expérience la plus ordinaire. Est-il plus difficile de concevoir la forme et la matière comme distinctes en un seul être, que de distinguer dans un seul mouvement sa vitesse et sa direction, deux choses qui ne peuvent exister l'une sans l'autre, tellement distinctes cependant que l'une peut être changée sans que l'autre soit modifiée ?

Cette répugnance des modernes ne date pas d'hier : elle tient à leur peu d'habitude de considérer la valeur des principes essentiels pris en eux-mêmes. On ne veut concevoir que des objets bruts que l'imagination puisse se représenter avec facilité. De cette manière on évite assurément certaines obscurités et certaines difficultés, mais on reste superficiel et on s'interdit la solution des questions profondes.

Cette tendance existait déjà chez les scolastiques, et plusieurs avaient cru simplifier la doctrine que nous exposons en soutenant que la matière et la forme ont chacune leur existence distincte. En cela ils prenaient le contrepied des modernes. Ceux-ci écartent les distinctions pour éviter la complexité de l'individu ; ceux-là faisaient des entités complètement et physiquement distinctes. La vraie métaphysique rejette également ces deux excès ; elle maintient la distinction des essences dans l'unité de l'existence.

Saint Thomas est très formel sur ce point. Il déclare positivement que ni la matière ni la forme n'a l'existence par elle-même. C'est le composé qui existe. La matière et la forme n'existent que par le composé dont elles sont des parties : *Non fit materia aut forma, fit compositum* (1). Non seulement la matière n'a point l'existence en elle-même, mais elle ne peut l'avoir; la lui attribuer, ce serait déclarer en acte une chose qui est essentiellement en puissance, ce serait une contradiction : *est dicere ens actu sine actu, quod implicat contradictionem* (2). Quant aux formes, si quelques-unes par exception peuvent exister à part, et sont unies à la matière en lui communiquant leur être propre, toutes les formes que nous appelons matérielles, soit organiques, soit inorganiques, sont incapables d'une existence séparée, parce qu'elles sont incapables d'une action exercée en dehors des conditions de la matière.

Ainsi la substance matérielle est complexe dans son essence, bien qu'une dans son existence ; elle comprend deux conditions réellement distinctes, dont l'une n'est réellement pas l'autre et peut être changée sans l'autre, mais qui n'ont d'existence que l'une par l'autre. La forme n'est que la réalisation de la puissance qui est dans la matière, et toutes deux forment l'essence réalisée en dernier ressort par un seul acte qui est l'existence.

Ce point étant établi et la complexité de la *matière* et de la *forme* étant mise hors de doute, il faudrait faire comprendre, au moins par quelques traits généraux, ce qu'est la *forme* et ce qu'est la *matière*. Cette question est très distincte de la première. Pour prouver l'existence de la matière et de la forme, il n'est pas nécessaire d'indiquer leur nature intime ; leur existence est certaine, du moment que les changements substantiels sont certains. Il peut être intéressant toutefois de chercher à se rendre compte du caractère intrinsèque de deux conditions aussi générales. Il y a là un problème moins important que le premier, mais sans doute plus difficile.

Nous trouvons sur cette question des différences considérables entre les écoles de philosophie scolastique.

---

(1) *Sum. Th.* II, q. LXVI, a. 1.
(2) *Thesaurus philosophorum* de Reele, édité par Cornoldi, p. 241.

Ceux que l'on appelle thomistes purs soutiennent que la matière n'est qu'une pure puissance. Pour eux la *forme* est ce que nous appellerions aujourd'hui l'essence, le caractère spécial qui fait que la chose est telle chose. La *matière* n'est que la puissance passive à cette essence, Saint Thomas emploie en effet souvent pour la désigner les mots *pura potentia*, une pure puissance.

Cette interprétation a un avantage : elle enlève toute difficulté à concevoir l'unité de l'être. Cette unité est facilement sauvegardée du moment que la matière n'est que la puissance de la forme, et que la forme n'est que cette puissance réalisée. Mais alors que devient la distinction réelle entre la matière et la forme, que ces mêmes thomistes se montrent si soucieux de prouver ? Quand la puissance est réalisée, elle n'existe plus comme puissance. Du moment que la forme n'est qu'une puissance réalisée, elle est la même chose sous un autre état. Il n'y a plus composition actuelle ; et si malgré cela on défend la complexité, ce ne peut être que verbalement.

Vous direz qu'il ne s'agit pas ici de la puissance logique, ou, comme disaient les scolastiques, objective. Cette puissance en effet ne forme point composition avec sa réalisation. Il s'agit, pour les thomistes purs, d'une puissance passive, réelle et actuelle. J'y consens ; mais je me demande si, en présentant de telles formules, on s'entend bien.

Une puissance réelle : il me semble que ces mots se heurtent. Le caractère essentiel de la puissance est de n'être pas encore réelle. Aussi avons-nous remarqué ailleurs qu'une puissance passive ne peut exister que dans un sujet, qu'elle est une conséquence de la nature même de ce sujet qui appelle un complément. Mais si cette nature n'est autre chose que la puissance même, si elle ne donne rien de plus, le sujet lui-même n'est que pure puissance, c'est-à-dire quelque chose qui n'est pas réalisé. Et cependant on admet qu'il est quelque chose d'actuel, de présent, qui existe dans le composé à côté de la forme. Il me semble que la contradiction est formelle.

Nous croyons donc, avec beaucoup d'autres scolastiques, qu'il ne faut pas tant raffiner sur les expressions employées par les premiers docteurs. A les entendre trop étroitement, on risque de dépasser leurs intentions. La matière est-elle une pure puissance? On peut le dire absolument par rapport à l'existence, car elle ne peut absolument exister seule. Telle est sa nature qu'elle n'existe que déterminée par la forme et réalisée dans le composé. On peut le dire aussi relativement ; elle est une pure puissance par rapport aux formes qu'elle doit revêtir. Mais cela ne veut pas dire qu'en elle-même elle ne soit rigoureusement qu'une puissance. Elle doit au contraire, pour être distincte, avoir un caractère propre qui, dans le composé, soit présent à côté de la forme ; il suffit que ce caractère soit de nature à ne pouvoir être réalisé isolément.

Chercherons-nous quel est ce caractère ? C'est nous aventurer dans une tentative bien hardie. Cependant, si les propriétés dérivent de l'essence, il n'est peut-être pas absolument impossible, d'après la nature des propriétés, d'entrevoir quelque chose de la nature de cette essence. Chacun sait que les corps ont deux séries de propriétés distinctes : il est très naturel d'attribuer une de ces séries à la matière et de chercher avec cet aide à préciser son caractère intime.

Les corps sont certainement actifs. Quoi qu'en disent quelques mécaniciens trop absolus, la simple inertie ne suffit pas à expliquer toutes leurs propriétés. Mais ils sont plus évidemment encore passifs: les corps bruts ont pour destinée naturelle d'agir les uns sur les autres, de se modifier les uns les autres. Telles ne sont pas les substances immatérielles. Celles-ci avant tout se perfectionnent en elles-mêmes ; leurs principales actions sont immanentes. Elles ne se contraignent point l'une l'autre, au moins dans l'ordre naturel ; elles ne se modifient point physiquement l'une l'autre. Toute leur influence réciproque consiste à s'instruire mutuellement, à se persuader librement entre elles.

Les corps ont donc pour caractère essentiel et distinct d'être passifs, passifs de cette passivité absolue qui consiste à être modifiable par un autre être dans sa nature et dans ses propriétés. Ce caractère n'est-il pas précisément ce que nous cherchons ? La *matière* ne serait-elle pas le principe passif des corps ? Je ne dis pas puissance passive, capacité de recevoir, qui n'est rien, comme nous l'avons vu, par elle-même. Je dis principe passif, ce caractère premier, cette détermination très positive de l'être, en vertu de laquelle il a ce degré inférieur qui le soumet à toutes les actions physiques exercées sur lui. La *forme* serait alors, par une opposition très naturelle, le principe actif des corps, la source première de toutes leurs facultés, de toutes leurs opérations.

Leibnitz qui, dans son âge mûr, avait bien apprécié la valeur de la scolastique, comprenait la matière et la forme comme nous le faisons ici. Il entendait que l'une est le principe de passivité dans les corps et l'autre le principe d'activité (1). Au reste, saint Thomas dit expressément que toute activité vient de la forme : le corps agit, dit-il, non en vertu de la matière, mais en vertu de la forme, qui est par nature un acte et un principe d'action, *non agit ratione materiæ sed ratione formæ, quæ est actus et actionis principium* (2). Le cardinal Zigliara, le plus pur des thomistes contemporains, nous dit que la matière est vis-à-vis de la forme comme un sujet passif, et la forme vis-à-vis de la matière comme un principe actif, *materia comparatur ad formam ut subjectum passivum, forma comparatur ad materiam ut principium activum* (3). Notre interprétation ne paraît donc pas contraire aux bonnes traditions scolastiques.

Eh bien ! admettez cette interprétation, et toutes les propriétés de la matière et de la forme s'expliquent facile-

---

(1) Lettre à Arnaud, sur l'essence des corps.
(2) *Comment. sur les Sent.*, l. IV, dist. 12.
(3) *Ontologie*, p. 408.

ment. Il est évident qu'un principe passif ne peut exister seul. Toute chose est pour agir : *omnia propter suam operationem* (1). Un principe passif isolé ne ferait rien, il ne servirait de rien ; il n'aurait pas de raison d'être. Le principe actif, la forme, ne peut non plus exister sans matière. Cette nature de forme inférieure n'agit que sur la matière ou à cause de la matière. C'est ainsi que la simple résistance, attribut de tous les corps, suppose qu'ils sont passifs aussi bien qu'actifs ; pour résister il faut pouvoir être atteint. La vie même et la sensibilité n'agissent que poussées et provoquées ; elles ne peuvent se rencontrer que dans des êtres modifiables. La forme et la matière s'appuient donc l'une l'autre et sont indispensables l'une à l'autre. Telle est la nécessité de ces deux éléments, qu'un éminent mathématicien, M. Hirn, se croyant obligé, de par la conception moderne des corps, de définir l'atome comme une étendue inerte, ajoute un principe spécial destiné à agir en lui et sur lui. Nous reconnaissons comme lui ces deux éléments, mais nous nous refusons à en faire deux êtres distincts, contrairement à une expérience journalière, que M. Hirn n'aurait certainement pas méconnue, s'il avait eu à sa disposition les ressources de la métaphysique scolastique.

Ainsi nous admettons dans les corps deux réalités essentielles, deux parties de l'essence qui se complètent l'une l'autre, qui sont nécessaires l'une à l'autre, qui ne sont réelles que par leur union, mais qui sont réellement distinctes, même unies, parce qu'elles représentent deux conditions, deux caractères des êtres ; caractères vraiment réels qui sont objectivement dans les choses indépendamment de ce que nous en pensons ; caractères vraiment distincts, dont l'un n'est pas l'autre, n'est pas compris dans la définition de l'autre, et peut être changé sans l'autre. C'est une distinction réelle métaphysique complète. Cette conception est un peu difficile parce qu'elle abstrait de toute imagination. Il faut être habitué à considérer l'essence

---

(1) Suar. *Disp. met.* 18, 1.

pure des choses, et se pénétrer du caractère objectif des définitions que nous en donnons. Mais cette habitude prise, elle est rare malheureusement chez les modernes, on est bien dédommagé par la facilité de toutes les solutions, et surtout par la parfaite conformité des formules avec les inductions les mieux appuyées de la physiologie moderne.

CHAPITRE VII

DE LA SUBSTANCE ET DE L'ACCIDENT

Nous avons montré que l'essence des êtres matériels est composée de deux éléments qui changent indépendamment l'un de l'autre : la matière et la forme. Nous avons montré que toute essence substantielle ou, comme l'on dit quelquefois, toute substance seconde, reçoit l'existence qui la met en acte pour constituer la substance première, actuelle et individuelle. Mais l'individu ainsi constitué n'est pas encore complet, il faut qu'il puisse agir, il faut qu'il puisse remplir le rôle auquel il est destiné, et pour cela il faut qu'il soit complété par de nouveaux éléments, par des principes d'opération qui le rendent prêt à agir. Ces principes survenant, logiquement du moins, après que la substance est constituée, après qu'elle a reçu ce qui est nécessaire pour être simplement un individu déterminé et existant, on les appelle en scolastique *accidents*. De là la troisième distinction qui va nous occuper, la distinction entre la *substance* et ses *accidents*.

Tout le monde admet cette distinction, au moins en tant que distinction logique. Il n'est personne qui ne sache envisager les actes, les facultés, les propriétés des êtres à part de la substance qui les supporte. Je pense, et je me distingue de la pensée qui est en moi; je distingue dans les corps l'étendue et ce qui est étendu. Le langage est fondé sur la différence de ces termes. Mais cette distinction existe-t-elle en réalité ? n'est-elle pas une simple vue de l'esprit qui, pour sa commodité, distingue l'essence d'elle-même, oppose l'essence comme sujet à l'essence envisagée comme qualité ? Du moins ces deux phénomènes fondamentaux, qui sont la base de tous les autres, la pensée et l'étendue, ne seraient-ils pas l'essence même des choses, comme le croyait Descartes ?

Telle n'était pas la manière de voir des scolastiques ; ils ont toujours mis une distinction réelle, indépendante de notre conception, entre l'essence et ses propriétés, et spécialement entre la substance spirituelle et l'intelligence, entre la substance matérielle et l'étendue.

Il y a à cette distinction une première raison générale: c'est que nous ignorons la nature de la substance. Ainsi que nous l'avons indiqué précédemment, nous savons que les choses existent parce que leur existence est manifestée par leurs propriétés, mais nous ignorons la nature de ce premier fond dans lequel elles existent. Comme l'a très bien remarqué Leibnitz, si nous connaissions l'essence des choses, nous connaîtrions par là même d'un seul coup et sans attendre l'expérience toutes les propriétés qui en dérivent. C'est ainsi que les intelligences angéliques, d'après la théorie même de saint Thomas, connaissent toutes choses dans leurs causes. Il suffit que Dieu produise dans leur intelligence des formalités représentant les principes généraux des êtres, pour qu'elles saisissent dans ces principes toute la suite des actes et des manifestations dont ces êtres sont capables. Telle n'est pas notre science humaine, nous le savons trop bien; nous épelons phénomène par phénomène le livre de la nature, et ce n'est que par un raisonnement inductif que nous en déduisons les lois qui nous représentent quelque chose des caractères essentiels. Nous n'aurions pas besoin de ce difficile labeur si l'essence même nous apparaissait tout d'abord.

Personne cependant ne croit ignorer ce que c'est que connaître, ce que c'est que sentir, ce que c'est que l'étendue, ce que c'est que la couleur, etc. Ce sont ces choses mêmes que nous connaissons, et par elles nous distinguons les substances. Elles ne sont donc point l'essence même ; il y a entre elles et l'essence la différence qui sépare ce qui est connu de ce qui ne l'est pas.

La seconde raison est plus spéciale aux principes de nos actions, ceux que l'on appelle dans l'homme facultés. Que nos actions elles-mêmes soient distinctes de la subtance, c'est, on peut le dire, une chose d'expérience. Il y a, fait observer saint Thomas, des actions transitives et des actions immanentes. Les actions transitives s'accomplissent hors de la substance dans un autre sujet ; elles en sont par conséquent distinctes. L'impulsion donnée à une bille sur un billard ne se réalise que dans la bille, elle est donc distincte de celui qui donne l'impulsion. Les actions immanentes s'accomplissent, il est vrai, dans le sujet, cependant elles en diffèrent : mes pensées sont distinctes de moi, puisqu'elles passent et se succèdent, tandis que je demeure identique. Mais, remarque saint Thomas avec beaucoup de profondeur, si ces actions sont distinctes du sujet, l'opération qui les produit est distincte également de l'existence substantielle. L'existence est immobile dans le sujet, *esse significatur intra ipsum;* l'opération va d'un être à l'autre, si elle est transitive ; elle va au moins du sujet au terme si elle est immanente. L'existence est fixe et déterminée, elle se tient invariablement sur le caractère spécifique et individuel : *esse cujuslibet creaturæ est determinatum ad unum.* L'opération, au contraire, est pour ainsi dire infinie, *de sui ratione habet infinitatem;* elle peut varier ses applications de mille manières. Ces différences profondes entre l'existence et l'opération amènent une différence corrélative entre l'essence qui est actualisée par l'existence et la faculté qui est actualisée par l'opération. Une même chose ne peut être actualisée de deux manières différentes : connaître, sentir, vouloir, résister, sont autre chose qu'exister ; l'intelligence, la sensibilité, la volonté, etc., seront par suite autre chose que l'essence.

C'est une conséquence de ce principe, que tout acte et sa puissance sont de même nature, l'acte n'étant autre chose que la réalisation de la puissance qui lui correspond ; tel acte, telle puissance, *proprius actus respondet propriæ potentiæ*.

Ainsi, dans toute créature, par le fait même qu'elle émet des actes contingents successifs et divers, la faculté ou le principe de l'opération est distincte de l'essence : *nec in angelo, nec in aliqua creatura, virtus vel potentia operativa est idem quod sua essentia* (1). Mais les principes d'opération représentent les principaux accidents ajoutés à l'être. Nous pouvons donc conclure, qu'à côté de la substance, il y a des accidents qui la complètent, mais qui en sont distincts.

Cette distinction n'est pas simplement une distinction fondée ; elle est très réelle, elle tient à la nature même des choses que l'esprit constate mais ne crée pas. Le caractère de la substance est d'exister en soi ; nous ne la connaissons même que par ce caractère. Au contraire, le principe d'opération ne peut, naturellement du moins, exister en soi comme principe. Il n'est proprement qu'une capacité active, capacité réalisée directement par l'action qui la développe. Mais il faut que cette capacité préexiste pour pouvoir produire l'action, et une capacité non réalisée ne peut exister en elle-même ; il faut donc qu'elle existe préalablement en autre chose. Elle a deux modes de réalisation : son accomplissement dans l'acte qui lui est propre, son existence comme principe dans le sujet.

Cette distinction entre la substance et ses accidents, au moins fondamentaux, est très importante aussi bien en philosophie qu'en théologie. En théologie, elle permet seule d'exposer d'une manière rationnelle le mystère de l'Eucharistie ; en philosophie, elle est indispensable pour établir l'unité substantielle de l'être humain. Si l'intelligence était l'essence de l'esprit et l'étendue

---

(1) *Sum. th.*, I, q. LIV, a. 2.

l'essence des corps, l'union substantielle de ces deux choses serait tout à fait impossible. Elles s'opposent par toutes leurs propriétés. La théorie scolastique n'est admissible que parce que l'intelligence et l'étendue reposent, chacune de leur côté, sur un premier fond antérieur et supérieur dans lequel elles peuvent s'unifier.

Mais, comme il est très difficile de s'abstraire des imaginations sensibles, et que l'impression d'étendue se lie invinciblement pour nous à toute représentation des substances matérielles, non seulement les modernes ne peuvent s'accoutumer à les distinguer l'une de l'autre, mais beaucoup de scolastiques n'ont fait cette distinction que de bouche, rétablissant dans la substance à peu près toutes les conditions de l'étendue, qu'ils avaient prouvée distincte. Suarez, écho en cela d'une nombreuse école, veut nous montrer dans la substance même des parties actuelles et en nombre infini. Quelle différence entre ces parties et l'étendue? Les parties étendues, selon ce docteur, auraient un ordre, une disposition dans l'espace que n'auraient point par elles-mêmes les parties de la substance. Les nominalistes savaient très bien répondre que, dans un tel système, l'étendue distincte est complètement inutile, la raison essentielle de l'étendue étant la divisibilité indéfinie des corps.

Saint Thomas comprenait la substance d'une manière beaucoup plus simple et beaucoup plus élevée. Il n'admettait rien de sensible dans le concept qu'il s'en formait. Il le dit expressément : La substance est de soi insensible et n'est saisissable qu'à l'intellect : *substantia per se insensibilis et solo intellectui comprehensibilis* (1). Aussi la concevait-il comme quelque chose de simple sous toute l'étendue d'un même être. Elle est sous l'étendue radicalement, mais non localement, une sous le tout, tout entière sous chaque partie, comme le centre est tout entier à l'extrémité de chaque rayon de

(1) *Comment. de an.*, I, leç. 14.

la sphère. C'est parce que Jésus-Christ remplace la substance dans le sacrement de l'autel, qu'il est tout entier à la fois sous le tout et sous les moindres parties. Quand l'étendue est divisée, la substance est divisée par concomitance, et on peut, à ce point de vue, lui attribuer des parties potentielles ; mais tant que les dimensions restent intactes, il n'y a ni parties actuelles, ni multiplicité : *Quandiu substantia alicujus manet indivisa actu, neque substantia alicujus rei est pluries sub dimensionibus propriis neque corpus Christi sub dimensionibus panis* (1).

Quand on parle de la totalité étendue, ou, comme on disait autrefois, *quantitative*, cette totalité ne s'applique à la matière que par accident : *Totum quantitatis non debetur materiæ nisi per accidens* (2) ; et si on ne tient pas compte de l'étendue, la substance en soi est indivisible : *Ablata quantitate substantia manet indivisibilis* (3).

Ainsi la substance même matérielle est en soi, au jugement de saint Thomas, quelque chose d'un et sans parties.

Nous avons montré, il est vrai, qu'elle est complexe ; mais cette complexité est d'un autre ordre que celle de l'étendue ; elle est dans les diverses conditions de l'essence, et non dans l'extension de l'existence. D'elle-même, on pourrait presque dire la substance spirituelle, en un sens quelquefois admis au moyen âge, elle n'est corporelle et n'a des parties étendues qu'en tant qu'on l'envisage réunie à la quantité qui la fait corps : *Ex quidditate substantiæ materia non habet divisiones, sed ex corporeitate, quia consequuntur dimensiones quantitatis in actu* (4). Elle n'est cependant point immatérielle ; l'immatérialité dépend, non de l'unité, mais de l'imma-

---

(1) *Sum. th.*, III, q. LXXVI, a. 3.
(2) *Ibid.*
(3) *De nat. mat.*, ch. III.
(4) *Comm. sent.*, l. I, dist. 8, q. 5.

nence des actes d'un être tout porté à se perfectionner intrinsèquement.

Il est manifeste qu'une nature matérielle ainsi conçue peut sans contradiction être unie à une substance intelligente et immatérielle.

Nous avons montré la distinction nécessaire de la substance et des accidents. Il ne faudrait pas croire cependant que les accidents soient étrangers à la substance et lui soient simplement juxtaposés. Ils ont avec elle une relation fondamentale, que l'on appelle en scolastique la *résultance naturelle*.

La résultance naturelle est cette circonstance que les accidents sont des compléments dus à la substance, qu'ils dérivent de son essence, et que cette essence les explique. Il est évident que la pensée, par exemple, est due à l'esprit, que la résistance étendue est due aux corps. Sans ces propriétés caractéristiques, ni l'esprit ni le corps n'auraient aucun rôle dans la nature ; ils manqueraient de raison d'être. Ce lien est donc très étroit : l'essence, quoique complète en elle-même, au point de vue de la simple existence, est incomplète par rapport à son but ; elle est en puissance à un développement ultérieur ; elle est capable d'un acte plus complet, cet acte que nous avons appelé acte premier, qui la rend propre immédiatement à l'opération.

Suarez a fait de la résultance naturelle une sorte de causalité efficiente. D'après lui, la substance serait cause de ses accidents, au moins des principaux, de ceux qui ne lui viennent pas de l'extérieur. Il nous semble qu'il y a en ceci quelque exagération.

Pour bien comprendre ce qu'est la résultance naturelle, il faut l'envisager à deux points de vue distincts : le point de vue de l'essence et celui de l'existence.

Au point de vue de l'essence, la résultance naturelle n'est pas autre chose que la convenance spéciale de telle propriété pour telle essence. L'essence n'est que le degré d'être, la détermination de l'existence ; la propriété, c'est la détermination à tel ou tel mode d'ac-

8

tion. Or, à tel degré d'être, telle action convient. Nous disions tout à l'heure que l'esprit ne se conçoit pas sans l'intelligence. Mais cela ne veut pas dire que l'esprit produise l'intelligence et se la donne à lui-même. Non, celui qui donne la forme, en donne les conséquences nécessaires: *qui dat formam, dat consequentia ad formam* (1). Dieu, par lui-même ou par les causes génératrices, donne non seulement l'essence, mais ce qui convient à cette essence. Il ne pourrait laisser son ouvrage incomplet.

Ici donc la substance n'est cause ni directement ni indirectement de ses propriétés. La cause est la même qui cause la substance. Celle-ci est simplement en puissance naturelle de recevoir ce couronnement.

Il en est autrement au point de vue de l'existence ; en ce cas, l'influence de la substance est plus pratique. Nous avons vu que la propriété ne peut exister en soi, naturellement du moins ; elle existe dans et par la substance. C'est donc la substance qui lui communique son existence, qui la fait exister. La substance actuelle fait la propriété actuelle: *actualitas formæ accidentalis causatur ab actualitate subjecti* (2). Il n'y a point là proprement une causalité active. La substance ne produit point la propriété par une action. Il y a cependant quelque chose d'analogue à la causalité en tant que la causalité donne l'existence. En ce sens saint Thomas dit que la substance est en quelque sorte active, *quodam modo activa*, expression que Suarez a prise trop à la lettre.

Le docteur angélique indique du reste très nettement, avec sa précision magistrale, les deux points de vue que nous venons de développer : « En tant que la substance, dit-il, est en puissance, elle est capable de recevoir la forme accidentelle ; en tant qu'elle est en acte, elle la produit, *in quantum est in potentiâ est susceptivum formæ accidentalis, in quantum est actu est ejus pro-*

---

(1) *Thesaurus philosophorum*, p. 272.
(2) *Sum. th.* I, q. LXXVII, a. 6.

ductivum (1). Cette production doit être entendue, comme nous l'avons expliqué, non d'une causalité proprement dite, mais de la simple communication de l'existence, de ce fait que l'existence appartient en premier lieu à la substance, *actualitas per prius invenitur in subjecto formæ substantialis* (2), et par participation à l'accident.

Mais Suarez ne pouvait comprendre exactement cette doctrine, parce qu'il ne croyait pas que l'accident n'eût qu'une existence communiquée. Il lui attribuait une existence propre et distincte de celle de la substance. Il fallait donc une cause qui produisît cette existence.

Nous avons indiqué ailleurs l'importance qui s'attache à maintenir l'existence commune de la substance et de ses propriétés. C'est leur lien commun, c'est ce qui maintient, au milieu des distinctions métaphysiques, l'unité de l'être. On peut dire que c'est une vérité expérimentale, car le bon sens est convaincu que la substance et ses propriétés font un seul tout, un seul subsistant. Mais au siècle de Suarez, l'École était entraînée par une tendance excessive à réaliser toute distinction, même logique. Qu'est-ce que l'existence de l'accident ? disait-on ; c'est être dans un autre, *inesse ;* donc ce n'est pas la même chose que d'être simplement en soi, *esse* ; donc c'est une réalité différente.

Les vieux péripatéticiens ne donnaient point dans ces subtilités. Ils savaient bien que l'individu n'a qu'un acte d'existence, qui appartient en propre à la substance et par son intermédiaire à l'accident. Aristote ne dit pas que l'accident est par lui-même un être, et l'expression *entis ens*, être d'un autre être, qu'on lui attribue, n'est pas de lui. Il se contente de dire que l'on appelle les accidents des réalités parce qu'ils sont des circonstances de choses vraiment réelles : λέγεται ὄντα τῷ τοῦ ὄντως ὄντος τι εἶναί (3).

(1) *Sum. th.*, I, q. LXXVII, a. 6.
(2) *Ibid.*
(3) *Metaph.*, V.

J'ajouterai qu'on peut bien appeler les accidents des êtres, dans le sens où ce mot être signifie essence, *esse essentiæ ;* ce sont en effet des espèces d'essences secondaires : mais ce mot ne devrait jamais leur être appliqué au sens vulgaire, au sens où il signifie une existence distincte, *esse actualis existentiæ*. Ils n'ont que l'existence du tout.

On croit conserver les doctrines en conservant les formules, et souvent à son insu on s'en éloigne considérablement. Saint Thomas, comme Aristote, avait admis un être accidentel; mais cet être n'était nullement celui de l'accident considéré en lui-même. Celui-ci, saint Thomas ne le connaissait pas, parce qu'au concret il ne parlait jamais de l'accident pris substantivement, mais seulement adjectivement. Il ne parlait jamais de l'existence de la blancheur, mais de l'existence de ce qui est blanc. Il maintenait ainsi l'unité d'existence du sujet et de sa propriété. En ce sens il disait qu'autre chose est d'être Socrate, autre chose est d'être blanc, d'être musicien, d'être corporel, etc. Être Socrate, c'est l'être personnel, c'est l'être simplement dit du sujet ; être blanc, être musicien, etc., c'est encore l'être du sujet, mais l'être *secundum quid*, relatif à une circonstance spéciale. Être blanc, c'est l'être de Socrate non en tant qu'il est Socrate, mais en tant qu'il est blanc : *esse album est esse Socratis, non in quantum est Socrates, sed in quantum est albus* (1). Voudra-t-on croire maintenant que chaque qualité survenant crée dans le sujet une existence nouvelle réellement distincte? Telle n'a pu être évidemment la pensée de saint Thomas ; il dit expressément que tous ces êtres ne font qu'un être, *non fit nisi unum esse in Socrate,* l'être appartenant en propre au sujet, *proprium,* et réglé à sa taille, *et conforme subjecto* (2). Il n'y a donc dans l'individu qu'un seul acte d'existence, mais cette existence peut être envisagée

---

(1) *Sum. th.* III, q. xviii, a. 2.
(2) *Sum. th.* III, q. lxxvi, a. 4.

diversement eu égard aux diverses propriétés qui y participent ; c'est une distinction de raison. Il n'y en a pas d'autre possible entre l'existence substantielle et l'existence accidentelle. Il y a, au contraire, une distinction métaphysique réelle entre l'essence substantielle et l'essence accidentelle, parce que ces deux essences ne répondent pas aux mêmes nécessités et que la définition de l'une peut être complète sans y introduire la définition de l'autre.

Nous avons vu plus haut que l'essence substantielle est en quelque manière en puissance à l'accident qui la complète et constitue avec elle l'acte premier prêt à agir. Réciproquement, nous voyons ici que l'accident est en puissance à l'existence qui lui est communiquée par la substance. Il existe ainsi un double lien ; l'accident complète la substance en la perfectionnant, la substance complète l'accident en lui communiquant l'existence. Les accidents fondamentaux, les facultés innées reçoivent l'existence en même temps que la substance, mais l'existence appartient toujours directement à l'essence substantielle dont elle est l'acte propre et qui lui donne sa détermination spécifique ; elle n'arrive qu'à cause d'elle et secondairement à l'accident.

Quand la lumière tombe sur un corps, elle manifeste sa couleur ; mais par sa couleur elle manifeste en même temps son étendue, sa figure, les particularités de sa surface ; toutes ces choses sont éclairées du même coup, mais elles ne le sont qu'à cause de la couleur. De même quand un être est réalisé, c'est la substance qui reçoit immédiatement et directement l'existence ; toutes ses propriétés permanentes la reçoivent du même coup, mais elles ne la reçoivent que pour la substance et par la substance, dont elles sont l'accompagnement naturel.

Ainsi entendue la distinction de la substance et des accidents n'a rien qui puisse choquer les exigences raisonnables de l'esprit moderne. Elle ne rompt point l'unité de l'être, et elle facilite la solution de problèmes dont les philosophes contemporains ne peuvent venir à bout, comme nous l'avons montré ailleurs, qu'en la supposant implicitement.

Pour compléter ces notions, il nous semble à propos de donner quelques détails sur les principaux genres d'accidents. Nous aurons ainsi une idée plus exacte de ce qu'est un être en le voyant armé de toutes les conditions nécessaires à sa vie.

Nous avons indiqué dans un chapitre précédent qu'Aristote avait classé tout ce que l'on peut dire d'un être en dix catégories. En voici la liste : substance, quantité, qualité, relation, action, passion, temps, lieu, état, possession ; en grec : ουσία, πόσον, ποίον, πρός τι, ποιεῖν, πάσχειν, ποῦ, πότε, κεῖσθαι, ἔχειν. Aristote considérait-il ces catégories comme indiquant des réalités diverses ou seulement des aspects divers des choses ? Ce point est controversé. Le traité des *Catégories* fait partie des ouvrages de logique, mais d'un autre côté, un certain nombre de catégories semblent indiquées dans la *Métaphysique*, comme classes distinctes de réalités (1). Quoi qu'il en soit, les scolastiques ont incontestablement considéré les catégories comme autant de classes de réalités, qui se distinguent entre elles par les diverses manières dont elles participent à l'existence. Ce point de vue nous paraît juste d'une manière générale, bien que l'on puisse contester la distinction réelle de certaines catégories. Dans son ensemble une telle classification est utile ; c'est un excellent moyen de définir les choses que de les rapporter à une catégorie déterminée. On s'éviterait bien des hésitations et bien des méprises, si avant de faire des théories sur un phénomène on s'expliquait nettement sur la manière dont il possède l'existence, autrement dit sur la catégorie dont il relève.

La substance, comme nous l'avons vu, possède l'existence directement et immédiatement ; les autres catégories ne la possèdent qu'indirectement et par l'intermédiaire de la substance. Ce sont ces dernières qui ont reçu le nom d'*accidents*.

(1) *Métap.* IV, 3 et VII, 9.

Ce nom nous paraît très mal choisi. En français, comme en latin, les mots accident, *accidens*, *accidere*, signifient quelque chose de fortuit. Or les principaux accidents, loin d'être fortuits, sont ce qu'il y a de plus important dans la constitution de l'être. Nous l'avons assez montré au sujet de la pensée et de l'étendue. Il eût mieux valu employer les mots *accedens* ou *adveniens*, qui eussent été la traduction littérale du mot grec τὰ συμβεβηκότα, ce qui vient avec la substance. Mais l'usage du mot accident a prévalu et il serait difficile aujourd'hui de le réformer.

Aristote distinguait d'ailleurs deux sortes d'accidents : l'accident propre, *accidens per se*, ce qui appartient naturellement à la substance, ce qui en est caractéristique ; et l'accident simple, qui n'a qu'un lien fortuit avec le sujet. Ainsi, disait-il, dans un corbeau noir, noir est un accident propre parce qu'il est de la nature du corbeau d'être noir ; au contraire, dans Socrate musicien, musicien est un accident simple ; il n'est pas naturel à Socrate d'être musicien. Porphyre, suivant cette indication, avait divisé les réalités accessoires de l'être en propres et en accidents. Mais la scolastique a réservé le terme *propriété* à de simples attributs, aspects divers d'une même chose. Il a donc fallu abandonner la division si naturelle de Porphyre et appliquer partout le terme *accident*.

Au reste, dans toutes les sciences, il existe des termes qui, par une extension graduelle ou par quelque autre circonstance, se trouvent employés dans un sens très différent de leur étymologie. Ainsi le mot *sécante*, en géométrie, vient du mot *secare*, couper ; il désigne une ligne qui coupe une courbe. Cependant avec les progrès de l'analyse on est arrivé à appeler sécantes des lignes qui coupent une courbe en des points imaginaires ; c'est-à-dire qu'en réalité elles ne la coupent point.

Gardons le terme d'accident, pourvu qu'il soit bien entendu qu'en philosophie scolastique il désigne un caractère réel ajouté à la substance.

Il serait hors de propos d'expliquer ici la nature de tous les accidents. Mais puisque nous avons montré que tout, dans la doctrine d'Aristote, tend à l'action et à la vie, que l'action est le but définitif de toute chose, nous nous permettrons d'arrêter le lecteur quelques instants sur les catégories en relation directe avec ce caractère général des êtres.

C'est tout d'abord la catégorie de l'*action*. Les scolastiques nous paraissent avoir entendu cette catégorie d'une manière un peu étroite. Action peut signifier ou le fait d'agir en général, ou le fait particulier qui résulte d'un développement d'activité. Je dis : l'action, en parlant de l'épanchement de ma puissance active ; je dis : mes actions, en parlant des manifestations diverses dont elle est le principe. Les scolastiques ont en général préféré le premier sens. Le second me paraîtrait plus juste et plus naturel. Mes actions sont vraiment des réalités, qui se succèdent en moi et sont distinctes de moi. Non seulement elles existent en moi, comme les autres catégories, mais elles ont ce caractère spécial de sortir de moi ; elles ont l'*esse ab*, expression intraduisible, mais qui exprime exactement la nature propre de ces réalités. Où les placer, si on ne les attribue à la catégorie de l'action ?

On dira que ces réalités se résolvent en deux éléments distincts : le développement d'activité dont nous parlions tout à l'heure et le terme de cette activité, le caractère spécifique qui la détermine et auquel on donne place dans une autre catégorie. Je n'en insiste pas moins. La substance aussi se décompose, comme nous l'avons vu, en trois éléments : matière, forme, existence ; cependant elle est placée dans une catégorie spéciale, et avec raison, car c'est par l'ensemble de ces trois éléments qu'elle forme une réalité concrète. Otez l'un d'eux, il n'y a plus rien que des possibles, des conceptions purement idéales. Il en est de même de mes actions ; sans le développement de mon activité, elles ne sont rien, mais sans la forme qui caractérise ce développement, elles n'existeraient pas davantage. Les deux réunis, appuyés l'un sur l'autre, constituent le fait, c'est-à-dire ce qu'il y a de plus réel, de plus positif, de plus distinct après la substance. Et ce fait n'aurait aucune place dans les catégories ! On n'y trouverait que ses membres dispersés ! Nous croyons que la philosophie gagnerait en vérité et en vie à l'envisager en un tout, tel qu'il se rencontre dans la nature.

Comment reconnaître l'action dans ce lien subtil, dans cette dépendance spéciale, mais insaisissable que met Suarez entre l'agent et son terme? L'action est-elle quelque chose de si délié, de si éthéré ? Au contraire, elle est quelque chose de physique et de positif. Elle a une valeur spéciale qui s'ajoute à celle de la substance. On peut dire qu'elle en accroît la réalité. L'être qui agit est plus, en un certain sens, que celui qui n'agit pas. Ce caractère, l'action le doit certainement au développement d'activité qui la fonde, qui fait passer l'être pour ainsi dire de l'état statique à l'état dynamique. Mais si vous voulez considérer cette activité toute seule, ce n'est plus rien ; elle s'évanouit comme une vision. Pouvez-vous envisager le mouvement sans le mobile?

Nous avons déjà vu qu'il y a des actions immanentes et des actions transitives. Les premières perfectionnent la substance même où elles se produisent : une sensation, une pensée, une volition, concourent à ma perfection, mais ne produisent rien qui existe indépendamment de moi. Le fait tout entier se passe en moi ; il n'est distinct de moi que par sa forme propre et aussi par cette seconde valeur que nous avons signalée, l'*esse ab*, le développement d'énergie dont il est la manifestation.

L'action transitive, au contraire, sort de son principe, elle n'a de lui précisément que d'être de lui, *esse ab*, de sortir de lui, d'être le mouvement d'une puissance qui est en lui. L'autre mode d'existence, l'*inesse*, elle le possède dans un autre être, dans celui qu'elle perfectionne et qu'elle modifie. Cette action, considérée dans son essence propre, n'est autre chose que la modification même en tant qu'elle se fait. Elle est dans le sujet qui la subit, et n'a de rapport avec la cause qu'en tant qu'elle en émane.

Le sujet qui subit est dit passif, et la modification considérée en tant qu'il la subit est dite *passion*. La passion est donc la même réalité que l'action transitive. On en fait cependant une catégorie distincte, parce que cette modification est envisagée sous deux relations différentes, sous deux modes d'être divers. Aristote comparait l'action et la passion au même chemin suivant qu'il va d'Athènes à Thèbes ou de Thèbes à Athènes. La modification, en tant qu'elle est faite et qu'elle dure après avoir été accomplie, prend place encore dans une troisième catégorie, celle de qualité. Alors elle n'existe plus en vertu d'une activité produite ou subie, mais simplement en vertu de son inhérence au sujet. On voit comment une même réalité peut dépendre à la fois de plusieurs catégories suivant les différentes manières dont elle participe à l'existence.

La simple inhérence est, en effet, le caractère spécial de la catégorie de qualité. Ici plus de mouvement, plus de dépense d'énergie; il y a un caractère distinct de la substance, ayant ses propriétés et sa définition spéciales, mais reposant simplement sur l'existence commune. Dans l'action, on pouvait dire que l'existence était complétée, agrandie, qu'elle recevait une plus haute valeur ; ici, il n'y a de complété que l'essence.

Aristote avait admis quatre classes de qualités. Les deux premières sont très importantes pour nous ; ce sont précisément les principes d'opération. L'une est caractérisée par Aristote sous les termes de *puissance* ou *impuissance*. Elle comprend toutes les capacités qui mettent les êtres en état d'agir, ce qu'on appelle leurs facultés : intelligence, volonté, sensibilité, hérédité, etc. L'autre classe est désignée par les mots *habitude* et *disposition*. On y a compris toutes les formalités qui déterminent les facultés à leurs actes spéciaux. Ainsi la sensibilité n'agit qu'à l'aide de certaines formes, les espèces sensibles, qui répondent aux diverses propriétés des corps. L'intelligence n'agit pas sans avoir emprunté au dehors ce qu'on appelle les espèces intelligibles, qui précisent la nature de nos diverses pensées. Ces espèces sont classées parmi les qualités. Une fois acquises, elles persistent dans l'esprit et constituent la mémoire qui est une espèce d'habitude. L'intelligence n'en a pas conscience, parce qu'elles persistent en puissance et non en acte ; elles persistent comme déterminations de la faculté, qui n'est elle-même connue que quand elle agit. Mais l'esprit, une fois qu'il a agi suivant ces déterminations, possède la faculté d'en faire usage de nouveau. La plus importante de ces déterminations est celle qui dirige l'esprit dans la conception des premiers principes : *habitus principiorum*.

Les deux dernières classes de qualités, les *qualités sensibles* et la *figure*, n'ont pas d'intérêt au point de vue qui nous préoccupe actuellement.

Mais nous voudrions dire quelques mots d'une autre catégorie qui n'a point de rapports directs ou apparents avec l'action, qui est néanmoins très importante, parce qu'elle caractérise tous les êtres objets de notre expérience : c'est la catégorie de *quantité*. Aristote comprenait sous ce nom tout ce qui est mesurable, jusqu'à la longueur des syllabes. Les scolastiques ont divisé cette catégorie en deux : la quantité discrète et la quantité continue. Il y a peu de chose à dire de la quantité discrète, qui ne constitue pas, à vrai dire, une réalité distincte des objets comptés ou mesurés ; mais la notion de quantité continue a été transformée au moyen âge. Elle n'est plus seulement pour les scolastiques les dimensions largeur, longueur ou profondeur, en tant qu'elles sont l'objet d'une mesure ; ce sont les dimensions solidifiées, résistantes, ce que nous appelons aujourd'hui la masse. Ainsi comprise, la quantité continue est quelque chose de très réel, et je ne puis m'empêcher de lui trouver de singuliers rapports avec ce que nous avons appelé l'action. Comme l'action, mais d'une autre manière, elle étend la réalité de l'être ; elle en fait toute la valeur pratique. Que serait la substance corporelle, si on la dépouillait de l'étendue ? L'action, il est vrai, est passagère ; la puissance active est tantôt en acte, tantôt en puissance : l'étendue, au contraire, est de fait toujours en acte. Suarez cependant conçoit une étendue aptitudinaire, une capacité d'exercer l'étendue réelle, qui ressemblerait beaucoup à ce que l'on appelle la faculté. La résistance, qui constitue ce qu'il y a pour nous de plus positif dans l'étendue, n'est pas sans doute par elle-même une action, mais de l'aveu de Suarez elle est la conséquence d'une action.

Quelle serait cette action intimement liée à l'étendue réelle ? Serait-ce l'union entre les parties intégrantes, union que l'on ne peut rompre qu'avec effort ? Serait-ce le fait d'occuper un lieu et de repousser de ce lieu tout autre substance corporelle ? Qu'appellerait-on lieu en ce sens, sinon la forme même de cette action ? En vain cherchons-nous à définir la masse. Il n'y a pas de notion plus familière pour nos sens, mais il n'y en a pas de plus troublante pour l'esprit. Elle est pleine d'antinomies, et lorsque l'on veut échapper à ces antinomies, il se trouve que l'on est sorti complètement du terrain solide et expérimental. Ou l'étendue est sensible, et elle reste une énigme pour l'esprit ; ou elle est purement intelligible, et l'on ne sait plus alors comment s'en former une représentation pratique.

Les cinq autres catégories, relation, temps, lieu, état, possession, sont beaucoup moins importantes ; ce ne sont que des modes des choses. Leur caractère de réalités distinctes est contesté même entre scolastiques.

Ainsi nous avons décomposé pièce à pièce cet organisme élémentaire que l'on appelle un être. Nous y avons reconnu un grand nombre de caractères distincts par lesquels il s'élève successivement jusqu'à l'action qui est son but et son fruit naturel. C'est la matière qui le rend susceptible d'une impression ; c'est la forme qui détermine sa valeur spécifique ; c'est l'existence qui les unit toutes deux et en forme un tout actuel. Et sur ce fondement, c'est d'abord la qualité active qui s'y attache et y repose à l'état de puissance ; ce sont les dispositions et les habitudes qui déterminent cette puissance et la portent de préférence à tel ou tel acte. Enfin, c'est l'action qui complète et couronne la destinée de l'être. Quand l'être a émis l'action principale, l'action la plus élevée dont sa nature est susceptible, il a rempli son rôle, il a parcouru le cycle qui lui est assigné. *Omnia propter operationem*, tout est pour l'action (1).

Ces distinctions sont extrêmement utiles en philosophie et même dans les autres sciences. Tous les phénomènes que produit un être, manifestent plus particulièrement quelqu'un des éléments de sa nature. Si on veut les expliquer sans tenir compte de cette complexité, on risque de tomber à faux. On est exposé à des objections embarrassantes, parce qu'elles relèvent incontestablement de la nature du même être : ce qui lui convient sous tel ou tel aspect, ne lui convient pas sous tel autre. La vraie philosophie n'arrive donc à se rendre un compte exact de tous les faits qu'à l'aide de distinctions réelles comme les faits eux-mêmes. Mais il ne faut jamais oublier que ces distinctions ne touchent pas à l'unité de l'existence. L'essence est complexe ; la détermination qu'elle impose à l'être peut comporter plusieurs détails ; mais l'existence ne peut être complexe. Il n'y a point de portion d'existence. Il n'y a qu'un seul fait, un seul acte qui s'applique au tout. Les éléments de l'être n'admettent entre eux ni distinction ni séparation physique, mais seulement une distinction réelle métaphysique plus ou moins complète.

(1) Suarez. *Disp. met.*, disp. 18.

CONCLUSION

Ainsi tout être est complexe et tout être est un : telle est la conclusion de notre étude. Cette proposition a une apparence paradoxale ; elle est cependant l'expression de la vérité objective complète. La notion de complexité est nécessaire à la philosophie pour expliquer les faits sans les dénaturer ; la notion d'unité est réclamée impérieusement par le bon sens. Nous avons suffisamment montré dans les pages qui précèdent comment l'être est complexe. En terminant nous insisterons sur son unité, que la philosophie moderne défend avec raison et que les grands scolastiques sont loin d'avoir méconnue.

Et d'abord qu'est-ce que l'unité? Unité veut dire indivision de l'être, mais cette notion peut s'appliquer de bien des manières. Aussi les scolastiques ont-ils eu soin de distinguer plusieurs espèces d'unité.

Notons d'abord l'unité par dénomination, la plus faible de toutes. C'est l'unité de plusieurs objets considérés comme un ensemble : un tas de pierres, un groupe d'enfants, une multitude d'êtres. Cette unité n'a rien de réel, elle n'est que dans notre esprit. Elle n'a dans les choses qu'un fondement, qui est une certaine similitude des objets rassemblés. Cette similitude, comme on le voit par les exemples ci-dessus, peut être entendue très largement.

L'unité morale est déjà plus sérieuse. Elle suppose entre les objets un lien effectif, bien que d'ordre intellectuel. Ainsi une nation est composée d'hommes liés par la communauté de tradition, de territoire et de gouvernement. L'unité d'une armée repose sur l'unité de discipline et de commandement.

Dans l'unité artificielle, le lien n'est plus seulement intellectuel, mais physique. Un type idéal est la raison de l'union des parties, mais cette union est réalisée par des moyens matériels : une machine, une maison, un vaisseau, etc.

Plus parfaite est l'unité naturelle, parce qu'elle se fonde sur la nature des choses. On doit en distinguer deux espèces : l'unité relative et l'unité vraie.

L'unité relative ressemble à l'unité artificielle, mais le lien est plus intime et réalisé par les forces naturelles. Ainsi un rocher est ordinairement une unité relative ; il est composé de grains ou de cristaux étroitement unis par une longue pression. Un zoophyte, un arbre sont des unités relatives ; chaque rameau, chaque animalcule a sa vie propre, bien que subordonnée aux convenances de l'ensemble. Cette unité va parfois à ce point que chaque individu a une fonction spéciale profitant au tout : chaque vie, quoique distincte, ne peut être entretenue à part.

L'unité vraie est l'indivision réelle et naturelle. Elle est de deux sortes : formelle ou individuelle.

L'unité formelle est l'unité de la forme ou de l'essence. Cette unité est réelle dans l'individu, car l'essence réalisée dans cet individu est vraiment une. Il ne faut pas la confondre avec l'unité universelle. Elle en est seulement le fondement, en tant que l'on considère l'essence comme apte à être reproduite en plusieurs. Elle est simple, complexe ou accidentelle. L'unité formelle est simple quand on ne peut concevoir aucune distinction réelle dans l'essence : telle l'âme humaine. Elle est complexe quand elle résulte de l'union d'essences incomplètes par elles-mêmes qui ont besoin l'une de l'autre pour former un tout : tel est le corps composé de matière et de forme. Elle est accidentelle quand elle comprend un caractère distinct qui ne peut exister que par l'appui d'une essence substantielle ; ainsi l'âme et ses facultés. J'ai déjà fait remarquer ce que le terme d'accident a de peu exact en lui-même.

L'unité individuelle est l'unité de l'existence. Elle n'a pas de degré, elle est ou elle n'est pas. Ce qui a un seul acte d'existence a l'unité individuelle. Les actes distincts constituent immédiatement des individus distincts.

A quoi reconnait-on l'unité individuelle ? Il n'y a qu'une manière de la constater avec certitude, c'est la simplicité de l'action. Nous ne connaissons point les sujets en eux-mêmes ; ce n'est que par leurs actes que nous pouvons entrevoir leur nature. Mais l'action suit l'être, *operari sequitur esse* (1) ; l'action n'est pour ainsi qu'un développement, une évolution de l'être : c'est pourquoi on l'attribue toujours, non à la qualité, non à l'essence substantielle, mais au sujet individuel qui est : *actiones sunt suppositorum* (2). Si donc l'action est une, c'est que l'existence elle-même est une. Un même sujet peut avoir plusieurs actions, mais il est absolument impossible que plusieurs sujets réunis donnent une action vraiment simple, comme une pensée, une volonté, un sentiment, etc.

Quand nous parlons de l'unité de l'être, nous parlons évidemment de l'unité vraie et surtout de l'unité individuelle. Mais nous avons vu que les êtres connus par nous ont plusieurs conditions, plusieurs caractères, plusieurs essences réellement distinctes. Comment tant de diversité peut-elle s'accorder avec tant d'unité ? L'unité individuelle n'est-elle pas exclusive de la diversité formelle ? L'existence n'est après tout que

(1) *Thesaurus philosoph.*, p. 317.
(2) *Ibid.* p. 269.

l'acte de l'essence ; comment pourrait-elle être une, si l'essence ne l'était pas ?

Je crois en effet que pour rendre possible l'unité individuelle, il faut une certaine unité formelle ; mais l'unité simple n'est pas nécessaire, l'unité complexe ou accidentelle suffit.

Reportons-nous à cette grande théorie de l'acte et de la puissance qui domine, comme nous l'avons vu, toute la philosophie d'Aristote. Nous l'avons déjà fait pressentir, elle seule nous expliquera l'unité de l'être dans sa complexité. Cette unité serait impossible, si chaque élément était un tout complet en lui-même, n'attendant rien du dehors. Il n'y aurait alors que juxtaposition, agglomération. Mais nous avons vu que chaque élément est à l'élément voisin comme l'acte est à la puissance, c'est-à-dire que l'élément inférieur a en lui-même et par nature besoin de l'élément supérieur. Par lui-même, il est incomplet, il n'est qu'une pierre d'attente. Il n'est donc pas étonnant que, le complément une fois arrivé, ils fonctionnent ensemble comme une seule essence capable d'être actualisée par un seul acte.

Ainsi la matière est bien une détermination, un degré particulier de l'être ; mais à elle toute seule elle ne mène à rien, elle ne précise rien. Elle laisse une absolue indétermination sur le rôle qui sera dévolu à cet être. Quand la forme arrive, quand elle donne l'être spécifique, elle ne fait que préciser cette indétermination, fixer à l'être sa place et son rang dans l'ensemble des choses matérielles. De leur union résulte donc une détermination totale, un degré nettement indiqué. L'existence ne pouvait appartenir à la matière seule. Celle-ci était trop indéterminée encore. Mais elle était en puissance à une détermination plus complète : la forme arrive et avec elle une raison suffisante d'exister.

Il en est de même entre la substance et l'accident. L'accident n'est par lui-même qu'une certaine capacité, une manière d'être. Il ne peut exister tout seul ; il n'est pas suffisamment déterminé. A qui appartiendra cette manière d'être ? A cet égard il est encore en puissance à quelque chose qui le complète en l'individualisant. Il rencontre la substance concrète ; elle le complète et il la complète. Les deux font un seul être parce qu'il ne peut exister qu'en elle, et parce qu'elle trouve en lui sa raison définitive et sa perfection.

Ainsi toute puissance tend vers un acte ; elle s'en rapproche peu à peu par des déterminations successives ; et quand elle est arrivée au terme, il n'y a vraiment qu'un acte, parce que ces déterminations successives ne font en définitive qu'une détermination totale et complète. Elles sont comme les échelons indispensables pour arriver à l'acte dernier et parfait. De même toutes les lignes d'un polygone ne forment entr'elles qu'une seule figure, parce qu'elles sont toutes nécessaires pour délimiter son contour entier et complet.

Et maintenant jetons un coup d'œil d'ensemble sur le monde, tel que le constate la métaphysique, tel que nous l'a montré cette trop longue étude. Au sommet l'être infini qui est en soi, par soi et pour soi. Il est la vérité, la bonté, l'unité absolue. Son essence est son existence déterminée par sa propre plénitude. Son existence est encore son acte, parce qu'il possède toute la valeur d'une énergie complète qui se pose elle même. De lui partent comme deux rayons. L'un sort de l'intelligence, ce sont les essences des choses qu'il a conçues en lui-même ; l'autre part de la volonté, c'est l'énergie qui les soutient et les vivifie. Il n'y a de réalité qu'au point de rencontre de ces deux rayons intelligibles, comme il n'y a d'images qu'au point de rencontre de deux rayons lumineux. L'intelligence divine conçoit d'abord les essences pures qui sont hors de notre expérience. Puis elle se porte vers ce qu'il y a de plus humble, la matière, l'être passif, qui n'est capable que de subir. Elle y ajoute la forme qui détermine le rôle et l'espèce de l'être, et ensuite ces formes plus particulières, ces capacités qui déterminent la nature de l'action. La volonté donne à l'essence un premier degré d'énergie qui est l'existence, puis à la capacité un degré supplémentaire qui est l'activité. Ainsi tout vient de Dieu par des dons successifs; la distinction des choses n'est que la différence de ces dons ; leur unité, c'est la volonté créatrice qui les réalise dans un seul être.

Nous sommes descendus tout en bas, vers ce que l'être a de plus inférieur. Mais Dieu ne s'abaisse jamais que pour relever. Voici que la matière commence une progression ascendante. Aux formes inférieures, Dieu substitue des formes plus hautes. Du monde inorganique, nous passons à la nature vivante. De la nature vivante nous passons à la nature sensitive, qui est comme une imitation, un fac-simile de l'intelligence. Enfin apparaît l'intelligence. Dieu conçoit une essence simple, analogue aux essences immatérielles, inférieure seulement en ce que ses facultés plus faibles ont besoin d'un appui. D'elle-même elle ne peut pénétrer les causes et les essences ; mais Dieu la placera dans la matière, il lui imposera de se substituer aux formes inférieures, et là elle connaîtra les modifications qu'elle subit et les actes que ces modifications provoquent, d'où elle pourra arriver, par la science progressive, à une connaissance complète de Dieu et de ses œuvres. L'homme est un peu au-dessous de l'ange par sa nature, *paulo minuisti eum ab angelis*. Comme lui il vit de science et d'amour. Il n'acquiert toutefois la science que péniblement et peu à peu, tandis que l'ange l'a tout entière en acte et sans travail. Mais il est au-dessus de l'ange par l'honneur qui lui est fait. Si d'un côté il a été uni à la matière, de l'autre Dieu même est venu s'unir à lui. La seconde personne de la Trinité s'est incarnée dans un individu humain. Ainsi la création est remontée jusqu'à son auteur. Dieu a choisi ce qu'il y a de plus bas pour l'unir à ce qu'il y a de plus haut. Le cycle est complet et l'excellence de l'œuvre totale, merveilleuse.

Le monde est-il le meilleur possible ? a demandé Leibnitz. Je ne sais s'il ne pourrait y avoir des êtres plus parfaits ; je crois même qu'il n'y a pas plus de limite à la perfection qu'au nombre ; une créature si parfaite qu'on n'en puisse imaginer une meilleure me semble une chimère irréalisable. Mais le monde dans son ensemble est certainement le meilleur possible du moment qu'il possède l'adorable personne de Jésus-Christ.

2718. — TOURS, IMPRIMERIE ROUILLÉ-LADEVÈZE

LES ANNALES DE PHILOSOPHIE CHRÉTIENNE

REVUE MENSUELLE DES SCIENCES PHILOSOPHIQUES ET RELIGIEUSES

Paraissent du 1er au 5 de chaque mois en fascicules de six ou sept feuilles, formant, pour l'année, deux forts volumes de plus de 600 pages.

Le programme des *Annales de Philosophie chrétienne* est celui que l'Encyclique ÆTERNI PATRIS a tracé aux savants chrétiens :

Étude et vulgarisation de la philosophie des Pères de l'Église, particulièrement de saint Thomas d'Aquin ;

Étude et examen critique des diverses théories philosophiques;

Étude des sciences naturelles et expérimentales pour les faire servir à l'apologie de la Religion.

Les *Annales de Philosophie chrétienne* sont aussi l'organe de la SOCIÉTÉ DE SAINT-THOMAS-D'AQUIN, récemment fondée à Paris. Elles publient le compte rendu de ses séances et tous les travaux dont la Société a décidé l'impression.

On peut s'abonner dans tous les Bureaux de Poste de France et de l'Étranger

Les abonnements partent du 1er avril et du 1er octobre

PRIX D'ABONNEMENT :

Paris et Départements, par an.................	20 fr
Étranger............................	22
Chaque numéro à part......................	2 fr.

Bureaux : rue de la Chaise, 20, PARIS

2718. — Tours, imp. Rouillé-Ladevèze, rue Chaude, 6.